VICTIMISATION ET SOINS DE SANTÉ

Oscar Grosjean

Victimisation et soins de santé
Comprendre, prévenir, réparer

M A R D A G A

La conception d'un livre n'est jamais solitaire. Ce texte a bénéficié de conversations, de critiques et d'expériences humaines ou professionnelles. Je remercie à l'un ou l'autre titre Patricia Dombrowicz, infirmière hygiéniste exemplaire trop tôt disparue, Monique Peters, Monique Genin, Yves Couvreur et Francis Grandhenry.

Je dois aussi beaucoup à mes collègues de travail techniques, administratifs et (para)médicaux ainsi qu'à la Faculté de Droit et à l'Ecole de Criminologie de l'Université de Liège, particulièrement à Georges Kellens, Michel Franchimont et Michaël Dantinne.

© 2002 Pierre Mardaga éditeur
Hayen 11 - B-4140 Sprimont (Belgique)
D. 2002-0024-3

Préface

L'expérience d'Oscar Grosjean est multiple. Elle s'est enrichie de missions humanitaires en Afrique, au cours desquelles nos routes se sont croisées à de nombreuses reprises.

La confrontation, qu'il a vécue entre les réalités du Nord et du Sud, n'est pas étrangère à sa dénonciation de l'évolution de la pratique médicale sous l'influence d'impératifs de rentabilité et de marchandisation de l'art de guérir.

Cette dérive, qu'il dénonce, a pour conséquence de transformer parfois le patient en victime.

Le trait est tranché, souvent dur, parfois provocateur.

Mais le but d'Oscar Grosjean est noble : comprendre le phénomène de victimisation des malades et en démonter les mécanismes afin d'en réduire la fréquence.

Il dénonce tout à la fois la concurrence entre établissements de soins, le matraquage publicitaire des firmes pharmaceutiques, et le recours abusif aux nouvelles technologies médicales.

Il s'interroge sur la médicalisation systématisée de nos vies.

Enfin, il met en exergue la difficulté pour le malade de se faire reconnaître comme victime quand cela se justifie.

Pour corriger ces dérives, Oscar Grosjean propose plusieurs pistes. Elles concernent le mode de rétribution de l'acte médical, l'information du patient, l'enseignement de la médecine, la relation de confiance médecin-malade par le consentement éclairé ou la vision qu'a notre société de la maladie et de la mort.

Le trait est sévère, disais-je, mais l'auteur tire avec raison la sonnette d'alarme. Que nous soyons ou non d'accord avec ses propositions, elles ne peuvent nous laisser indifférents. Elles sont celles d'un homme qui place l'homme au centre de son art.

Philippe Mahoux
Chirurgien
Sénateur

*A Camille
Sophie et Marc
Catherine et Corentin
Anne-France et Boris
Anandi et Robin*

pour la joie de vivre et l'énergie qu'ils me donnent

Avant-propos

Même si les croyances et philosophies apaisent les angoisses existentielles, l'homme s'est toujours efforcé de protéger sa santé et de prolonger sa vie au-delà de limites sans cesse reculées s'offrant ainsi en victime de l'art des sorciers, des guérisseurs et des médecins.

Bien avant notre naissance et jusqu'après notre mort, cette médecine qui nous accapare a cessé en ce début de siècle d'être surtout une cause à servir pour devenir aussi un commerce contrôlé par des multinationales de plus en plus puissantes qui rendent anthropophage une part croissante de l'économie.

Nous sommes également parvenus à un point où les personnes en fin de vie sont aspirées par un marché médico-hospitalier qui récupère en un court laps de temps, au détriment de la sécurité sociale et des générations futures, les sommes capitalisées sur leurs têtes.

Comprendre ces formes de victimisation et chercher à les combattre sans déprécier les acquis et les potentialités de la science sont un objectif de notre réflexion qui vise aussi à démédicaliser ce qui peut l'être pour nous réapproprier notre corps et améliorer la qualité de la vie.

Demain, l'évolution démographique avec le vieillissement dramatique des populations qui s'annonce un peu partout pour la fin du siècle aura vite fait d'épuiser les fonds de pensions. En effet, les réserves financières constituées par l'épargne des personnes âgées auront été dépensées pour leurs parents, et leurs enfants n'auront sans doute ni le désir ni les moyens de les reconstituer. Les anciens redeviendront alors un fardeau dont la charge compromettra l'avenir des générations futures et tout simplement celui de l'espèce. A l'acharnement thérapeutique se substituera le déni de soins pour les impécunieux et ceux que leurs sociétés jugeront inutiles. Ces victimisations futures ne nous concerneront pas mais les évoquer aide à relativiser les problèmes actuels en soins de santé et leur caractère précaire, fluctuant et aléatoire.

La baisse de la natalité autorise les perspectives les plus pessimistes sur l'avenir de l'humanité.

«Certes, les phénomènes démographiques bénéficient de la vitesse acquise : les femmes nées au cours du dernier demi-siècle sont très nombreuses et donc, même moins fécondes, devraient encore mettre beaucoup d'enfants au monde. C'est pourquoi la population mondiale devrait continuer à augmenter, quoique moins vite que dans le passé, pour atteindre vers 2080 un maximum situé entre 8 et 9 milliards d'hommes : personne ne croit plus qu'on ira au-delà. Ensuite, elle chutera rapidement.

Pour un continent comme l'Europe, où le taux moyen de fécondité est de 1,4, le déficit est d'un tiers à chaque génération : pour 100 Européens aujourd'hui, il n'y en aura que 66 à la prochaine génération, 44 à la suivante, puis 29, 19, etc. Jean Bourgeois-Pichat, ancien directeur de l'Ined, avait calculé dès 1988 que si l'on prolongeait partout les courbes actuelles de chute des naissances jusqu'au niveau présent de l'Allemagne, il n'y aurait quasiment plus d'Européens en 2200, et plus d'hommes en 2400! (...) Le terme d'explosion démographique, dont on a usé et abusé depuis cinquante ans, risque ainsi de s'avérer exact dans sa littéralité : après la dilatation brutale, l'effondrement, voire la disparition. L'humanité pourrait, selon ce schéma, connaître le destin de ces étoiles en fin de parcours qui, avant de disparaître, jettent une dernière lueur, plus fulgurante que jamais, sous la forme de ce que les astronomes appellent une supernova. Jusqu'à preuve du contraire.»

Roland Hureaux, «Le temps des derniers hommes», Hachette, p. 34, *L'Histoire*, n° 249, déc. 2000.

Le nombre de personnes âgées de plus de 65 ans *a dépassé pour la première fois le nombre de jeunes de 14 ans ou moins au Japon, témoignage du vieillissement rapide de l'archipel, a indiqué le gouvernement. Pour une population totale de 126,9 millions de personnes, il y avait 22,3 millions, ou 17,5%, de personnes âgées à la fin mars 2001 contre 18,4 millions de jeunes, selon le ministère des Affaires publiques. «Le nombre de personnes de 65 ans et plus a augmenté de quatre millions, soit 22%, depuis 1995»*, *a précisé le ministère. Le Japon vit sous une épée de Damoclès démographique, car, parallèlement à la forte augmentation du nombre de retraités, dont les pensions doivent être prises en charge par les actifs, il subit une chute de la natalité.*

AFP, 30/6/2001.

Il n'eut pas été raisonnable de critiquer les imperfections d'aujourd'hui invisibles pour une majorité justement éblouie par les avancées de la biologie et de la médecine sans proposer des remèdes simples, économes, humains et de bon sens que j'évoquerai dans ce travail à la lumière d'une expérience professionnelle variée. Je préfère aussi dénoncer les dérives sur lesquelles je peux espérer agir, c'est-à-dire les miennes et celles dont je suis partenaire, complice ou simplement témoin.

Je réalise surtout que, dans une économie excessivement libérale, tous les moyens sont bons pour protéger sa part de marché et toute dissidence par rapport au système dominant vaut exclusion.

Il faut participer aux dérives ou périr, se taire ou payer le prix de sa liberté. Même la critique et le doute sont suspects. Dès lors que seul compte le profit maximum, l'avoir est tout, l'être n'est rien.

A moins d'une forte action concertée des dispensateurs de soins et du pouvoir politique, aucune éthique ne s'imposera plus et l'intérêt porté aux autres deviendra un produit sans restriction morale. Penser, dire, écrire autrement vaudra dans la profession médicale ostracisme et marginalité.

Ainsi, pour la première fois en France, des Cliniques vont entrer en Bourse. Selon le Monde interactif du 28/5/2001, la Générale de santé, qui emploie 14.000 personnes dans 157 établissements, prépare sa mise sur le marché, prévue entre juin et septembre. Ce projet change la donne de l'économie de la santé en France.

Réputée ne pas avoir de prix mais seulement un coût, la santé va bientôt acquérir de la valeur aux yeux des boursiers. La Générale de santé, ancienne filiale de cliniques privées de la Générale des eaux devenue Vivendi, devrait en effet s'introduire sur le premier marché de la Bourse de Paris entre juin et septembre 2001. Ce groupe de 157 cliniques dont 137 en France revendique le premier rang européen sur le marché très éclaté des cliniques privées, emploie plus de 14.000 salariés et fait appel aux services de 3.000 praticiens associés, tous des médecins libéraux.

A première vue, introduire des cliniques en Bourse paraît contestable, compte tenu de la nature sensible de l'activité médicale. Si, comme le remarque l'économiste Claude Le Pen, profit et santé ne font pas bon ménage, certains remarqueront que ce projet s'inscrit dans une logique voisine de celle défendue par Claude Bébéar, l'ancien patron d'AXA, partisan de «Sécurités sociales privées»; nous allons vers une rationalisation du secteur hospitalier qui devient un secteur comme les autres, avec une déontologie propre et une éthique, ajoute Daniel Bour, PDG de la Générale de santé.

Enfin, les professionnels de la finance approuvent sans réserves : ce secteur intéresse les investisseurs, car il est tiré par le vieillissement de la population et par les intentions de limitation de la croissance des dépenses de santé, qui conduisent l'Etat à se désengager de certaines prestations en faveur du privé. Outre l'ouverture de nouveaux marchés, les tarifications proposées par le ministère permettent aux acteurs privés d'assurer la rentabilité de ces nouvelles prestations, explique Alexandre Cornu, analyste à la société de Bourse Aurel-Leven. La santé est un chantier colossal et l'Etat est obligé de faire des choix. L'intérêt pour l'Etat est que le privé réalise les investissements. De plus, une hospitalisation privée coûte 35 % moins cher qu'une hospitalisation publique.

Tout cela en omettant de dire que l'Etat et les services publics ont des obligations en soins de santé tandis que le secteur privé sélectionnera sa patientèle préférentiellement aisée, assurée et curable.

Introduction

Insensiblement, depuis un quart de siècle, toutes les activités humaines, y compris celles qui avaient un caractère désintéressé ou de service public, sont soumises à la loi du marché sans que soit préservée une solidarité suffisante dans les domaines des revenus, de l'environnement, de l'accès à l'instruction, à la justice ou à la santé.

Dans le secteur des soins, la relation soignant-soigné et la notion même de maladie ont pris un caractère commercial qui fait du patient un client, de la maladie une matière première renouvelable et de l'industrie médico-hospitalière et pharmaceutique un gigantesque producteur de biens et de services, cela sans que les gouvernements encore sociaux puissent y mettre un frein en raison des contraintes de la mondialisation.

Ces contraintes imparables et antidémocratiques sont le fait de l'OMC — Organisation Mondiale du Commerce — dont le mode de fonctionnement et les effets pervers ont été remarquablement décortiqués par l'analyse de Susan George dans «Remettre l'OMC à sa place» paru aux Editions Mille et une nuits.

L'OMC a succédé au GATT — Accord Général sur les tarif douaniers et le commerce — par le traité de Marrakech de 1994 et a ouvert ses portes à Genève dans les anciens locaux du GATT. Il compte 140 pays membres. Son instance de décision suprême est la conférence ministérielle composée de représentants des pays membres qui se réunissent tous les deux ans, la dernière fois en 1999 à Seattle, la prochaine fois au Qatar en novembre 2001. La vraie gestion politique de l'OMC revient au

Conseil général composé des représentants permanents des pays membres en poste à Genève, ce qui exclut *de facto* beaucoup de pays pauvres qui ne peuvent s'offrir une représentation diplomatique en Suisse. Le Conseil général chapeaute les conseils sectoriels sur l'agriculture, la propriété intellectuelle et les services dont la Santé et l'Enseignement. Il n'y a donc à ce niveau aucun représentant élu alors que les décisions de l'OMC implémentées par l'ORD — Organe de Règlement des Différends — tout puissant nous concernent tous dans notre vie quotidienne, notre avenir et celui de nos enfants.

En effet, l'OMC se donne pour objectif de libéraliser le commerce mondial en ouvrant les frontières, en abattant les barrières douanières et en appliquant à toutes les activités le principe de la concurrence et les lois du marché. Cela d'autant plus aisément que l'OMC est un organe commercial totalement indépendant de l'ONU et ne relève donc pas du droit international, ce qui permet aussi à l'ORD d'élaborer dans un splendide isolement sa propre jurisprudence.

Enfin, sous les règles du GATT contrôlé par l'ONU, il fallait que tous les pays membres soient d'accord pour imposer des sanctions commerciales, y compris celui qui devait être sanctionné, c'est l'inverse sous l'ORD où tous doivent être d'accord pour ne pas sanctionner un membre jugé coupable, y compris celui qui a porté plainte.

L'AGCS — Accord Général sur le Commerce des Services —, secteur de l'OMC, s'occupe des services représentant des transactions commerciales portant sur 1.300 milliards de dollars chaque année, soit 22 % de tout le commerce mondial, et étend ses compétences à presque toutes les activités humaines dont l'éducation, l'environnement, la santé et les services sociaux.

En traitant des services de santé, le secrétariat de l'OMC écrit que les bénéfices ne viendront pas tant de la construction et de la gestion des hôpitaux que de la possibilité d'y employer un personnel plus qualifié, plus efficace et moins cher que celui qui pourrait se trouver sur le marché du travail local, particulièrement dans les pays dotés d'une politique sociale avancée.

La coalition des industries de services américains — USCSI — milite pour enfoncer toutes les barrières à la libéralisation des services et donner ainsi l'occasion aux entreprises américaines de s'étendre vers les marchés de soins de santé à l'étranger. Elle souhaite faire son entrée en Europe dans les services de santé de tous ordres qui offrent un marché lucratif en pleine croissance. L'USCSI envisage clairement de faire sauter les exigences restrictives en matière de licences pour les professionnels de la santé et les réglementations excessives en ce qui concerne le secret médical. Pour parvenir plus vite à ses fins, le secrétariat de l'OMC manipule le classement très technique des services en considérant par exemple que l'exploitation des bases de données concernant les patients ou les étudiants ne feraient plus partie des domaines de la santé ou de l'éducation mais relèveraient des services de traitement informatique.

Cela montre à quel point, à l'insu de presque tous, le caractère social des soins de santé et leur accessibilité sont menacés dans les démocraties qui avaient le privilège d'encore en bénéficier. Il n'est peut-être pas trop tard mais il est grand temps de réagir.

Cette évolution transformera le patient et les organisations — mutuelles, sécurité sociale — qui le protègent en victimes plus ou moins conscientes et consentantes d'une industrie des soins parfois délinquante et même criminelle par action ou par omission.

Il convient toutefois de ne pas diaboliser systématiquement la mondialisation. Intégrer la terre et toutes les activités humaines en un ensemble harmonieux est un palier logique de notre évolution si bien analysée par Teilhard de Chardin dans *Le phénomène humain*. La mondialisation — *globalization* pour les Anglo-Saxons — est pernicieuse tant qu'elle reste inspirée par le profit et la rentabilité à très court terme ; le drame est qu'il faille des catastrophes en série pour que l'opinion publique éclairée inspire et soutienne des orientations humanistes et écologiques diamétralement opposées aux objectifs de l'OMC.

La **criminologie** est une science qui n'existe qu'en fonction de beaucoup d'autres[1,2,3].

G. Kellens dans ses *Eléments de criminologie* en donne une définition dont je reprends les points essentiels : la criminologie est la science du phénomène criminel. Durkheim en a donné une définition précieuse axée sur la réaction sociale : « Nous constatons l'existence d'un certain nombre d'actes qui présentent tous ce caractère extérieur que, une fois accomplis, ils déterminent de la part de la société cette réaction particulière qu'on nomme la peine. Nous en faisons un groupe *sui generis*, auquel nous imposons une rubrique commune : nous appelons crime tout acte puni et nous faisons du crime ainsi défini l'objet d'une science spéciale, la criminologie ».

L'objet de la criminologie est donc défini par une culture : la notion de crime n'est qu'une grille de lecture des conduites humaines, une paire de lunettes que l'Etat peut, selon ses besoins et ses possibilités, chausser ou laisser dans l'étui. Comme l'écrit le juge Versele dans le «Journal des tribunaux», 1950, p. 681, la confrontation entre les points de vue partiellement exacts des anthropologues, des sociologues, des psychiatres et des psychologues dans les matières criminelles permet d'arriver progressivement à la conception synthétique et moniste de la criminologie contemporaine. L'on peut dire que les exagérations imputables à une spécialisation trop poussée en s'interpénétrant et en se compensant ont donné le jour à la criminologie, fille unique de toutes les sciences criminelles. La criminologie générale se structure suivant trois niveaux d'interprétation : celui de la criminalité, phénomène de masse, du criminel, acteur individuel et du crime, passage à l'acte.

Toute activité humaine offre des potentialités criminelles et les soins de santé n'y échappent pas. Mais cette déviance jadis marginale et quasi anecdotique a pris des proportions à la mesure des sommes colossales brassées par le secteur.

La **victimologie**, science aux contours encore flous[4,5,6] et sous l'angle de laquelle le patient et ceux qui s'en occupent seront ici observés, a pour but de comprendre comment survient la victimisation et quelles mesures prendre pour l'éviter et y remédier.

Selon l'ONU, on entend par «victime» toute personne qui, individuellement ou collectivement, a subi un préjudice, notamment une atteinte à son intégrité physique ou mentale, une souffrance morale, une perte matérielle ou une atteinte grave à ses droits fondamentaux, en raison d'actes ou d'omissions qui enfreignent les lois pénales en vigueur.

Les victimes ont droit à l'accès aux instances judiciaires et à une réparation rapide du préjudice qu'elles ont subi, comme le prévoit la législation nationale.

Les victimes devraient être informées des différentes procédures, ainsi que des possibilités de recours, des dates et du déroulement de l'instance pénale jusqu'à son terme.

Les mesures nécessaires devraient être prises pour protéger la vie privée des victimes et assurer leur sécurité, en les préservant de toute manœuvre d'intimidation et de représailles.

Les victimes devraient être informées de l'existence de services de santé, de services sociaux et d'autres formes d'assistance qui peuvent leur être utiles.

Lorsqu'ils fournissent une aide aux victimes, les responsables de l'application des lois doivent s'occuper de ceux qui ont des besoins particuliers en raison de la nature du préjudice subi ou de facteurs tels que le sexe, l'âge, la capacité physique, l'origine ethnique ou sociale ou les croyances ou pratiques culturelles.

Il arrive que le patient soit otage et le médecin agresseur tout en faisant figure de héros dans l'imagerie populaire. Le patient, otage et victime, ne le devient pas par hasard. Le plus souvent, un patient objectivement malade reçoit les soins de santé appropriés et la dérive criminologique qui le transforme en victime peut être le fait :

– soit du médecin et de son entourage médico-technique et financier qui veulent exploiter toutes les manières possibles de rentabiliser les plaintes spontanées ou induites du patient, et les prises en charge globales du type centre de phlébologie, de la ménopause ou de l'andropause sont des modèles du genre;

– soit de l'environnement socio-économique qui favorise ce type de victimisation et de délinquance médicale par la pléthore d'outils médico-hospitaliers, la pression des nouvelles technologies stimulant la concurrence effrénée entre hôpitaux et l'industrie pharmaceutique poussant à la consommation par un matraquage publicitaire tant du public que du corps médical[5];

– soit encore du patient dont la vulnérabilité et la victimabilité dépendent de son âge, de sa personnalité, de son milieu ainsi que de sa fascination pour l'univers des médecins, des infirmières, des hôpitaux et du médicament.

Ainsi, les enfants et les personnes âgées, sources de contraintes et parfois perçus comme fardeau socio-familial, peuvent être livrés sans défense au milieu hospitalier pour la mise au point de maladies imaginaires dont le traitement toujours aléatoire les médicalise et les victimise définitivement.

Ainsi, les femmes, victimes privilégiées de violences familiales ou conjugales et de surcharges de travail ou de contraintes sociales, se réfugient plus souvent dans les maladies psychosomatiques dont le seul volet somatique est pris en charge parce qu'il rencontre la formation des médecins et la structure des hôpitaux. Ces victimes le sont à répétition, et l'on est surpris par le nombre de femmes de plus de 60 ans dans nos pays qui ont subi dans l'ordre appendicectomie, cholécystectomie, hystérectomie, cure de varices sans compter des chirurgies esthétiques, gynécologiques, laparoscopiques et autres à l'utilité souvent contestable. Victimes d'un environnement et d'un système, elles sont parfois complices dans la mesure où un statut de malade quasi permanent leur donne droit à une protection et leur confère un rôle dans le théâtre social. Ce type de comportement est favorisé par le sous-emploi, la pauvreté, le manque d'instruction et de culture qui tuent l'élan vital, génèrent l'ennui et la fuite dans le tabac, l'alcool, la sédentarité, l'obésité et la débilité médiatique ambiante[6]. L'instruction et l'aisance ne protègent cependant pas de cette victimisation car le droit émergent à l'éternelle jeunesse suscite liposuccions, liftings et plasties de toutes sortes sans compter les cures de jouvence aussi inutiles qu'onéreuses.

Aux extrêmes de ces situations victimisantes, on trouve d'une part les cas où la médecine est réellement criminelle par action ou omission : non assistance à personne en danger, erreur médicale qualifiée, infection contractée à l'hôpital, prescription délibérément abusive d'examens, de soins et de médicaments[7,8], d'autre part les cas où le patient, pour des raisons qui lui sont souvent extérieures, est complice de son état : accidents de roulage sous influence, mutilations, accidents de travail provoqués, simulations, assuétudes.

Enfin, plus souvent qu'ils ne le pensent, les médecins sont confrontés à des troubles factices avec symptômes physiques comparables au syndrome de Münchausen. Il s'agit de signes de maladies répétitives, en général sur un mode aigu, dramatique et convaincant chez des patients allant d'hôpital en hôpital en quête de traitement. La plupart des maladies peuvent en effet être imitées, des patients exhibent des tableaux d'infarctus, de douleurs abdominales aiguës ou de température d'origine indéterminée, tous mimés avec une habileté troublante. Dans une forme clinique étrange, un enfant peut être utilisé à la place du sujet malade, c'est un syndrome de Münchausen par procuration. Un parent falsifie l'histoire et peut même rendre l'enfant malade avec des médicaments, ajouter du sang aux urines ou même les contaminer pour simuler une infection.

Ces patients sont vus interminablement dans les consultations médicales ou chirurgicales ; leur pathologie est beaucoup plus complexe qu'une simple simulation malhonnête et s'associe à d'importantes difficultés émotionnelles ; ils sont en général assez intelligents et pleins de ressources, non seulement ils savent comment imiter les maladies mais ils sont également bien informés des pratiques médicales. La tromperie et les simulations sont conscientes, contrairement aux motivations et aux demandes d'attention qui sont très largement inconscientes. On retrouve souvent dans l'enfance des sévices physiques et psychologiques précoces. Ces patients présentent enfin des troubles de l'identité, une très forte sensibilité, un mauvais contrôle pulsionnel, une perception déformée de la réalité, des épisodes psychiatriques brefs et des relations interpersonnelles instables ; en dépit de leurs demandes incessantes de soins, ils sont incapables de faire confiance aux infirmières et médecins qui sont ainsi constamment manipulés, provoqués ou testés. Leurs sentiments de culpabilité et le besoin associé de punition et d'expiation sont aussi manifestes.

Ces patients sont soulagés lorsque l'on cède à leurs manipulations mais l'escalade est alors rapide et le médecin est vite dépassé par leurs exigences ; on assiste à des réactions agressives lorsque l'on refuse d'accéder à leurs revendications et ils finissent par aller dans un autre hôpital. Le traitement se limite trop souvent à repérer cette sorte de maladie, ce qui n'est déjà pas facile, et à en éviter les conséquences fâcheuses, en particulier les interventions chirurgicales intempestives et la consommation excessive et non justifiée de médicaments. Avec le recul, je pense que nous sommes nombreux dans le corps médical à passer souvent à côté de ce type de diagnostic étrange[10].

En soins de santé, la victime peut être la personne lésée, ses proches ou les personnes et institutions — soignants, mutuelles, organismes de sécurité sociale, assurances — qui s'en occupent.

En criminologie, sans prétendre que la victime est parfois coupable, on ne peut isoler son comportement et ce qui lui arrive de la situation déclenchante. Le crime résulte d'un enchaînement de faits dont le dernier crée la victime qui, comme tous les composants du phénomène criminel, mérite d'être analysée. Même si la conception du patient à la fois victime et coupable de son sort paraît peu compassionnelle, elle s'impose si on veut que la victimologie réalise un de ses objectifs, à savoir la diminution du nombre de victimes et la prévention des victimisations ainsi que de leurs récidives[4].

Le risque de passage à l'acte médical délictueux résulte de la mise en relation d'une cible patient attractive, faiblement protégée, avec un agent médical délinquant potentiel qui se sera livré à une analyse stratégique en termes de risques et de profits. Si la cible patient est bien défendue par elle-même, par son entourage ou par son médecin traitant, le risque de passage à l'acte décroît. C'est vers cet objectif que les efforts doivent tendre. Il nous arrive de dire dans le milieu médical que la pire des choses est la rencontre d'un médecin qui cherche à travailler avec un patient qui souhaite ne plus rien faire, le gestionnaire hospitalier jouant les entremetteurs, encouragé en cela par un mode absurde de financement des hôpitaux qui pénalise les dispensateurs de soins honnêtes et économes en actes techniques dispendieux.

Les excès de la prophylaxie criminelle en plein développement conduisent à des comportements anti-sociaux extrêmes et criminogènes sans toutefois assurer une meilleure sécurité pour ceux qui y ont recours[9]. Il en va de même pour l'hypermédicalisation parfois plus porteuse de maladies que préventive ou thérapeutique.

A vouloir trop prévenir, dépister, traiter et opérer des affections rares, peu symptomatiques ou aisément curables, on rend anxieux, hypochondriaques et malades des personnes qui auraient pu ne jamais l'être. C'est ainsi que l'on peut devenir victime de ceux qui nous veulent du bien autant que de ceux qui nous veulent du mal et les excès de prévention, formes inhabituelles d'agression, ont parfois des résultats inattendus.

Si beaucoup s'esclaffent au spectacle d'opulents paranoïaques installés dans des ghettos sous vidéo surveillance rendus impénétrables à force de sas, de cartes d'accès, d'identifications vocale, digitale ou iridienne, que penser de l'émergence d'un médico sécuritaire qui n'empêchera jamais personne de mourir ? De grands et moins grands hommes ont terminé leurs jours dans des villas fortifiées, équipées de salles d'opérations, de défibrillateurs, de pharmacie d'urgence et autres joyeusetés susceptibles d'octroyer un bref sursis au terme du parcours. D'autres aussi grands et sans doute plus sages, porteurs d'anévrismes susceptibles de se rompre ou en fin d'évolution de maladie dite grave, ont prié leur entourage de ne rien faire le moment venu si ce n'est soulager leurs douleurs et prévenir le médecin lorsqu'il n'y aurait d'évidence plus qu'à rédiger le certificat de décès.

Il en va de la santé comme de la sécurité : faire ce qui est raisonnable pour la conserver et la restaurer sans que toute l'activité et les préoccupations soient centrées sur elle. Santé et sécurité sont devenues essentielles dans nos cultures, mais mobiliser toutes les énergies pour ces seuls objectifs risque d'ôter son sens à une vie qui, dans une telle bulle, ne vaudrait plus la peine d'être vécue. D'autant plus quand tout nous rappelle que boire, manger, être à l'abri des guerres et des intempéries restent les soucis majeurs des trois quarts de l'humanité.

Armés de ces quelques notions, nous pourrons observer sous un angle inusité la médecine telle qu'elle se pratique aujourd'hui dans nos sociétés développées en gardant à l'esprit les immenses services qu'elle ne cesse de rendre et que nous tous, soignants et patients, pouvons l'aider à mieux rendre encore.

Chapitre 1
La victimisation dans le temps, dans l'espace et selon le milieu

1. HISTORIQUEMENT

Sans parler des massacres et des guerres liés au génie de l'espèce[11], depuis la nuit des temps, l'homme a été une victime de choix dont le sacrifice pouvait apaiser la colère des dieux et si, au fil des siècles, les sacrifices humains ont été remplacés par des sacrifices animaux, des dons ou des offrandes, il n'en reste pas moins qu'aujourd'hui, des enfants sont enlevés pour être commercialisés en pièces détachées et des adultes vendent en toute légalité leurs organes pairs ou divisibles pour satisfaire un marché de la transplantation en pleine expansion. De façon moins victimisante, le sang et les tissus morts ou vivants, les placentas, les cordons ombilicaux et les embryons sont récupérés, conservés et utilisés à des fins commerciales sans aucun respect des règles éthiques, d'ailleurs ignorées par beaucoup d'états et souvent sans que le donneur forcé, inconscient ou bénévole ne perçoive la moindre part de la plus-value réalisée sur son corps[12,13,14].

Ainsi, les dieux du progrès, de la science et de la médecine sont aussi friands de victimes que l'étaient les dieux du passé.

Une banque de conservation de cellules mères du cordon

Une entreprise établie à Malines vient de mettre sur pied la première banque autonome pour la conservation de cellules mères récoltées dans le système ombilical immédiatement après une naissance. Cela signifie que les mères qui le souhaitent pourront faire conserver ces cellules étiquetées au nom de leur nouveau-né, a annoncé la direction de cette entreprise au cours d'une conférence de presse. Ainsi, immédiatement après l'accouchement, les cellules souches de sang de cordon ombilical sont isolées et congelées en laboratoire de manière nominative et constituent pour l'enfant un donneur compatible permanent. En effet, si l'enfant devait être confronté au cours de son existence à des problèmes de santé graves et notamment à la leucémie, il pourrait alors faire appel à ces cellules que l'on retrouve également dans la moelle et qui auront été précieusement conservées. La conservation de ces cellules coûte quelque 985 euros (BELGA).

Dans le même temps, les mères qui donnent gracieusement le sang du cordon comme d'autres donnent leur sang à la Croix-Rouge ne peuvent même obtenir la promesse que leurs enfants, s'ils en avaient un jour besoin, pourraient bénéficier d'un don gratuit.

Jusqu'au milieu du XIXe siècle, la clinique s'intéressait à l'homme en état de besoin médical : à l'accouchement s'il était difficile, à la maladie sous le nom de pathologie interne et aux coups, blessures et lésions apparentes sous le nom de pathologie externe. L'automédication par les plantes, les thérapies psychosomatiques qui ne portaient pas encore leur nom : prières, pénitences, pèlerinages, etc., et les rebouteux étaient largement sollicités.

Plus tard, la médecine sociale connue à ses débuts sous le nom d'hygiène a été la première a traiter de la santé globale sous l'angle de la sanitation, de la prévention et de l'éducation. Elle a en un siècle, sans dépenses excessives, fait faire un bond à la qualité de vie et à la longévité partout où elle a été mise en application. Par la suite, aucune des grandes découvertes, même les vaccins et les antibiotiques, n'auront le même impact.

En ce XXe siècle, des populations ont servi sans consentement à des expérimentations de masse sur l'effet de radiations ou d'agents chimiques et, en Afrique surtout, de vaccins, de tests et de traitements en cours de mise au point. Tout indique que ce type d'exploitation du matériel humain se poursuit aujourd'hui, particulièrement là où l'absence de contrôle démocratique, l'état de guerre et la vulnérabilité des dirigeants laissent les coudées franches aux entreprises soucieuses de commercialiser au plus vite leurs efforts en recherche et développement[12,13,14,15].

Ces dernières années, le souci de rentabilité a contraint chercheurs et cliniciens à comprimer les délais entre la sortie d'une molécule, d'une prothèse ou d'un appareillage et sa mise sur le marché, court-circuitant les étapes traditionnelles d'essais en laboratoire et en clinique longs et dispendieux. Des justifications morales ont bien sûr été données à ces «*fast tracks*» censés mettre plus rapidement les thérapies nouvelles à la disposition des patients.

A lire leurs ordres du jour, on peut parfois se demander si certains comités d'éthique n'ont pas pour activité principale de rendre licites des essais thérapeutiques auxquels, sans leur aval, beaucoup de médecins auraient hésité à participer[16].

PROTHESES
L'Académie de médecine veut des normes
L'Académie royale de médecine lance un appel aux pouvoirs publics pour que ces derniers décident de normes à appliquer à la prothèse de la valvule auriculo-ventriculaire en attendant une réglementation européenne. L'Académie rappelle qu'au cours des dix dernières années, des prothèses parfois peu performantes ont été introduites sur le marché belge et implantées chez des patients, avec des conséquences parfois catastrophiques pour le malade : il est apparu que la plupart de ces prothèses n'avaient pas été assez testées sur des animaux. Ils ajoutent que le problème résulte du fait qu'il n'y a pas, en Belgique, de législation claire et précise en ce qui concerne ce type de prothèse à usage clinique (BELGA) (*La Libre Belgique* du 6/4/2001)

2. SUR LE PLAN INDIVIDUEL

Avant même la conception et jusqu'après la mort, la vie dans nos pays est aujourd'hui médicalisée parfois au mépris des droits individuels et sans avantages toujours démontrés. Le refus de participer à cette médicalisation entraîne la réprobation sociale voire la marginalisation sans exclure les poursuites pénales dans le cas de parents qui contestent les choix thérapeutiques pour leurs enfants nés ou à naître.

La vie sexuelle est de plus en plus précoce, la vie en couple autonome et la procréation de plus en plus tardives grâce à une contraception souvent mal comprise et mal appliquée par les jeunes filles dont beaucoup en viennent à considérer l'interruption volontaire de grossesse (IVG) comme une de ses formes plus simple et moins coûteuse : elle est remboursée, la pilule ne l'est pas et doit être prescrite.

Cette situation, la facilité, la pression de l'opinion, la démagogie et le travail commercial des firmes pharmaceutiques concernées viennent de mettre sur le marché la pilule du lendemain ou pilule d'urgence que beaucoup de scientifiques considèrent comme une bombe hormonale. Ce comprimé est à prendre dans les 72 heures suivant le rapport non protégé mais il risque de se banaliser comme une pastille contre les maux de tête. La décision prise par plusieurs ministères de la Santé Publique offre en effet la possibilité de consommer massivement une hormone de synthèse qui imite les effets de la progestérone. Ce comprimé contient en effet 25 fois la dose de progestatif de synthèse contenue dans le comprimé quotidien d'une mini pilule anticonceptionnelle. L'absorption en une fois de cette masse d'hormone de synthèse représente un réel danger d'autant que les essais cliniques se sont déroulés dans des conditions qui ne sont pas celles de la réalité vécue, ce qui empêche de garantir la sécurité de la mise en vente libre. Les jeunes femmes préféreront sans doute prendre de temps en temps et même assez souvent un médicament qu'elles peuvent se procurer sans prescription que de se soumettre à la prise régulière de contraceptifs coûteux livrés uniquement sur prescription médicale. C'est là qu'est le danger.

Quand les couples veulent un enfant, leur décision est prise de plus en plus tard parce que l'environnement socio-économique place l'enfant après la profession, l'emploi stable ou le logement. L'absence de grossesse après quelques essais infructueux est ainsi assimilée à la stérilité et trop tôt médicalisée avec recours à la procréation assistée et son cortège de victimisations — traitements onéreux peu remboursés et contraignants, problèmes psychologiques au sein du couple, culpabilisation des conjoints et médicalisation de la relation amoureuse — alors que le respect d'un délai de deux à trois ans résoudrait beaucoup de ces infertilités. Délai certes d'autant plus difficile à accepter que la grossesse est envisagée tardivement.

La lecture des programmes opératoires montre aussi que les actes visant à interrompre une grossesse normale mais non désirée ou à stériliser irréversiblement sans raison médicale sont plus nombreux que ceux qui visent à la procréation médicalement assistée, ce qui oppose les intérêts de l'individu à ceux de l'espèce. Enfin, le coût moyen d'une de ces procréations — plus ou moins dix mille Euros — comparé aux dépenses en soins de santé primaire dans les pays pauvres révèle cruellement la fracture de l'humanité. Et cela n'est rien à côté des manipulations génétiques qui s'annoncent.

On ne parlera jamais assez des procréations médicalement assistées responsables de bébés multiples, souvent prématurés, livrés sans le consentement éclairé des parents aux néo-natologues pour qui réanimer et faire vivre un nouveau né le plus prématuré possible est un succès personnel. La souffrance et la charge inhumaine imposées aux parents de ces petites victimes devraient être prises en charge et dédommagées par la société qui encourage ces pratiques avec la même conviction et les mêmes formes de raisonnements qui servent à justifier l'interruption volontaire de grossesse.

Les exigences de risque zéro pour la mère et l'enfant, d'analgésie par la péridurale, de fixation de la date et de l'heure de l'accouchement pour convenances personnelles tant de la parturiente que de son gynécologue ont médicalisé l'accouchement à outrance. Des accidents anesthésiques, des infections nosocomiales, une augmentation spectaculaire du nombre de césariennes avec leur morbidité et leur mortalité propres ainsi que le désapprentissage de l'obstétrique en ont résulté. Cette médicalisation excessive d'un acte naturel est peut-être devenue porteuse de plus de maux qu'elle n'en évite.

Gynécologie et pédiatrie s'emparent de la mère et de l'enfant au détriment de la médecine générale aussi efficace et moins encline aux actes techniques. Cette réorientation organisée de la patientèle au départ des maternités a retiré au médecin de famille une tâche pour laquelle il était compétent et psychologiquement indiqué. A force de n'avoir plus suivi de grossesses ni d'enfants en bas âge, les généralistes n'osent plus les prendre en charge, contribuant à rendre spécialisés des soins médicaux de base.

Les examens à l'embauche et pour l'obtention de prêts sur assurances sont de plus en plus poussés, irrespectueux des droits de la personne et sans recours. Si le décryptage du génome humain ouvre de belles perspectives prophylactiques et thérapeutiques, il annonce aussi une ségrégation génétique des porteurs de mauvais gènes. Même si le législateur s'inquiète de cette problématique, nul ne pourra empêcher quiconque de se prévaloir d'une bonne carte génétique ; ne pas l'exhiber sera un aveu de fragilité[17,18]. Enfin, assureurs et employeurs peuvent depuis longtemps, par le biais des examens de sang et d'urine, repérer les fumeurs, les alcooliques, les consommateurs de benzodiazépines, etc.

Annie Thebaud Mondy[19] a évoqué le risque naissant de sélection génétique des travailleurs. Ainsi, dans le cadre d'un contrat passé avec l'Institut national de recherches et de sécurité (INRS), l'Institut national de santé et de la recherche médicale (Inserm) a engagé l'étape préliminaire d'une expertise collective sur «risque génétique et travail». Le choix de ce thème a suscité les protestations de deux organisations syndicales de l'INRS (CGT et CGC), qui ont voté contre son introduction comme axe de recherche, ainsi que celles des syndicats de médecins du travail et des associations de santé au travail. Sans tenir compte de ces réactions, la direction de l'INRS s'est adressée à celle de l'Inserm pour obtenir le feu vert des chercheurs, puisque celui des partenaires sociaux lui fait partiellement défaut.

Le but de ces travaux est «*l'identification des personnes à risque*», ce qui conduirait à une stratégie de sélection — donc à l'inutilité relative des mesures de prévention sur les lieux de travail — et à la remise en question de la reconnaissance de maladie professionnelle pour des personnes exposées à un risque auquel elles seraient génétiquement sensibles. Le code du travail interdit la discrimination pour des motifs de santé. Or, c'est directement sur une médecine «prédictive» que débouche un tel programme : il aurait pour effet de jeter le doute sur la responsabilité des risques professionnels dans la survenue d'une maladie, par exemple chez un travailleur exposé à l'amiante ou aux rayonnements ionisants. Ainsi, à la grande satisfaction du patronat, serait « scientifiquement » relativisé l'effet des facteurs professionnels en matière de cancers. Moins de 300 cas de cancers seulement sont reconnus comme maladie professionnelle chaque année en France, alors que les estimations épidémiologiques attribuent aux risques du travail entre 5.000 et 10.000 décès par cancer par an.

Plus tard dans l'existence, le refus des signes de vieillissement, même non pathologiques, médicalise nos populations bien au-delà du nécessaire d'autant que les retraites extra-légales en font une cible de prédilection pour les marchands de forme et de santé : chirurgie esthétique, orthopédique et vasculaire, dermatologie, hormonothérapie, kinésithérapie d'entretien, obèrent de plus en plus les budgets de la sécurité sociale sans bénéfice pour la personne dans la plupart des cas. Pour réduire cette victimisation, il faudrait distinguer les soins pour convenance personnelle des soins pour maladie et soumettre plus qu'on ne fait les dépenses non urgentes couvertes par la sécurité sociale ou les assurances maladies à l'accord préalable de médecins-conseils[20,21,22].

Prévention et prophylaxie rendent d'immenses services. Par contre, les dépistages de toutes sortes : poumons, seins, prostate, appareil cardio-vasculaire, ostéoporose..., organisés en dehors des visites chez le médecin traitant, s'apparentent souvent à un recrutement de patients potentiels d'autant plus victimisant pour l'individu et la société que leur supériorité en terme de survie sur le diagnostic posé par le médecin de famille à partir des premiers symptômes n'est pas toujours démontrée. De plus en plus de personnes sont indûment médicalisées et rendues hypochondriaques par les angoisses nées de ces dépistages ; elles acceptent ainsi trop facilement des examens invasifs voire des interventions mutilantes sur base de simples suspicions. La manière dont les choses sont présentées à ces victimes les empêche de se considérer comme telles et de demander réparation[21,23].

Tout se passe comme si, à l'approche de la cinquantaine, il fallait justifier scientifiquement la mise à l'écart des actifs que les entreprises essentiellement soucieuses de rentabilité remplacent par des agents économiques plus jeunes ou délocalisés. Les médias financés par les mêmes entreprises déstabilisent systématiquement les quinquagénaires : l'homme devient un andropausé menacé par les maladies cardio-vasculaires, le cancer de la prostate et la dépression, la femme une ménopausée guettée par le cancer du sein et l'ostéoporose. Les loisirs de ces nouveaux exclus sont aisément occupés par les séances de dépistage, les examens complémentaires qui en résultent et des médications aussi variées qu'inutiles. Il est pourtant admis que la mise à l'écart brutale de la vie professionnelle avec les ruptures sociales, les pertes de revenus et la baisse d'estime de soi qui en découlent sont bien plus porteuses de maladies et de dépressions qu'une vie active volontairement réduite à son rythme propre et à l'abri des scrutateurs médicaux, le médecin de famille étant là pour répondre aux demandes spontanées.

COMBIEN DE TORT POUR COMBIEN DE BIEN?

La promotion de la santé et la prévention de la maladie sont devenues de plus en plus populaires. Le but visant à garder les personnes autant que possible en bonne santé est louable, mais comme ce chapitre l'indique, les concepts menant à ce but sont complexes. Les activités les plus importantes de promotion de la santé peuvent faire du tort. En fait, il serait plus honnête de dire qu'elles causent habituellement du tort, même de manière non intentionnelle. Au mieux, elles sont onéreuses, prennent beaucoup de temps (pour les patients) et créent souvent de l'inconfort. Au pire, elles peuvent causer un mal physique sérieux chez de rares patients, soit à cause de complications des tests de dépistage en soi, soit à cause de conséquences indésirables des tests suivants ou du traitement, particulièrement chez les patients ayant des résultats de tests faussement positifs. Ainsi, il est important que le clinicien se rende compte que les activités de promotion de santé créent autant de bien que de mal. Les bonnes intentions ne sont pas suffisantes.

Avant d'engager une procédure de promotion de santé chez un patient, spécialement si la procédure est controversée parmi des groupes d'experts, le clinicien doit discuter à la fois le pour (la probabilité des bénéfices connus et espérés) et le contre (la probabilité des effets non intentionnels) de la procédure avec le patient.

Exemple. Bien que les examens cliniques des seins et le dépistage par mammographie du cancer du sein soient universellement recommandés pour les femmes âgées, il existe une controverse concernant le dépistage chez des femmes âgées de 40 à 49 ans; des essais contrôlés ont montré que le dépistage n'était pas efficace dans ce groupe d'âge, mais qu'un effet protecteur d'environ 15 % pouvait rester possible après plusieurs années. Les groupes d'experts sont divisés dans leurs recommandations. Lors de la discussion de ce dilemme avec une malade, il est utile de montrer à la fois les bénéfices et les maux résultant du dépistage (Fig. 1). Une telle approche n'est pas seulement plus honnête envers la patiente

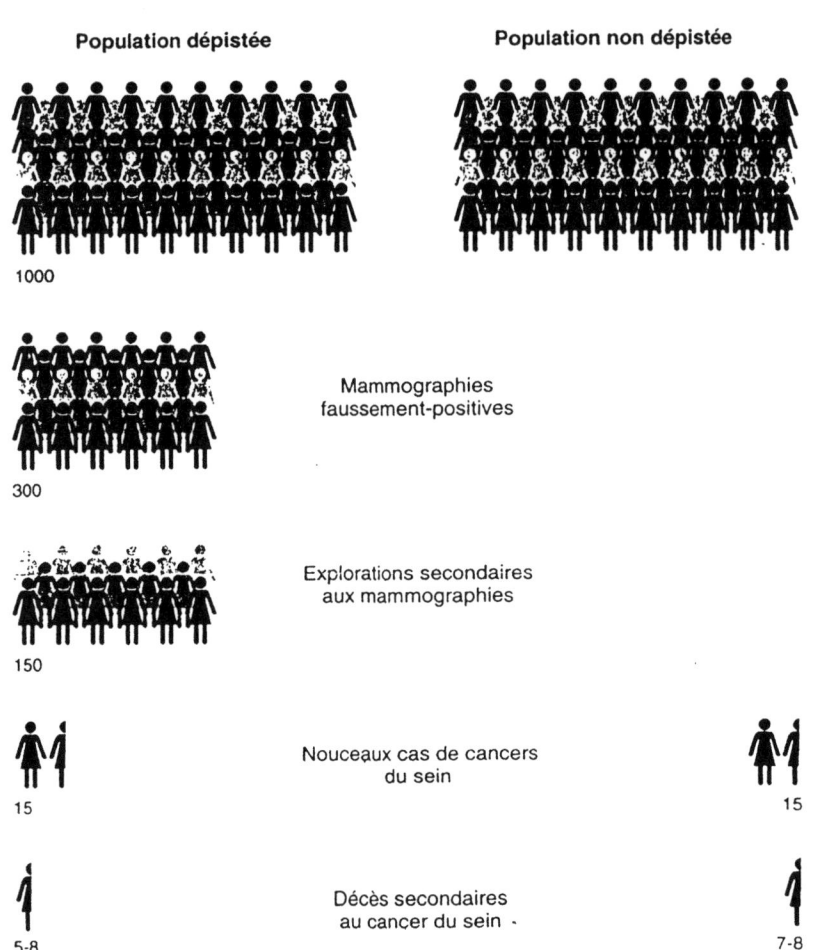

Fig. 1 - Le poids du bénéfice et du tort dû au dépistage. Ce qui arrive durant une décennie de mammographie annuelle à 1.000 femmes à partir de l'âge de 40 ans (*Epidémiologie Clinique*, R.H. Fletcher, S.W. Fletcher, E.H. Wagner, Ed. Pradel, 3ᵉ éd., 1998, p. 183-185).

mais l'aide à clarifier la situation et à l'informer afin que son consentement soit réel. L'analyse coût efficacité formalise cette approche pour les preneurs de décision.

Le test au PSA (Prostate Specific Antigen) détecte le cancer de la prostate à un stade précoce dans de nombreux cas. A ce jour, on ne dispose pas encore de publications, d'études importantes, bien construites et validées qui permettent de dire si la détection précoce est bénéfique, nocive ou sans effet. Il en résulte que la meilleure stratégie pour la détection précoce par le test au PSA demeure inconnue. Sur base des données disponibles, les hommes qui ont entre 50 et 75 ans, compte tenu pour les plus jeunes de la présence de facteurs de risques et pour les vieux de leur état général qui permet d'étendre les limites d'âge de l'examen, il semble logique d'informer les patients de l'existence de ce test au PSA, de ses avantages et de ses inconvénients afin qu'ils puissent faire le choix éclairé de recourir au dépistage. La discussion doit aborder plusieurs points : les chances que le cancer de la prostate soit diagnostiqué, l'existence de faux positif et de faux négatif, l'anxiété générée par un test positif et les incertitudes quant à savoir si le dépistage diminue le risque de décès par cancer de la prostate. Dans un travail récent, ces points étaient parmi ceux que les hommes et leurs épouses considéraient importants à comprendre et connaître avant de se décider pour un test au PSA. Des études randomisées ont montré que la délivrance systématique de ces informations réduisait la proportion des hommes qui décidaient de passer le test bien qu'une proportion non négligeable décide de le passer quand même. En tout état de cause, le médecin ne doit pas être perturbé ni influencer la décision en faveur de l'un ou l'autre choix.

Résumé et traduction de *Prostate-Specific-Antigen Testing for early diagnosis of Prostate Candcer*, Michaël J. Barry NEJM, 2001, vol. 344, n° 18, p. 1373-1376.

En ce qui concerne le cancer du poumon, les maladies cardio-vasculaires et l'ostéoporose, le « dépistage » n'est utile que chez les sujets à risque et qui le savent ; dans ce cas, le terme dépistage est d'ailleurs utilisé abusivement, il s'agit plutôt d'un suivi rapproché, convenu entre le patient et son médecin de famille qui décident d'une surveillance régulière afin de diagnostiquer le plus tôt possible une affection qui a de bonnes probabilités de survenir chez le patient en raison de son hérédité, de sa vie professionnelle, de son environnement ou de son hygiène de vie.

3. LA GÉOPOLITIQUE DE LA SANTÉ

Selon le lieu de sa naissance, à potentiel génétique égal, les chances de parcourir une vraie vie en bonne santé sont pour l'homme fort différentes. En dehors des écarts économiques qui sont à la racine du problème, les firmes pharmaceutiques permettent la ségrégation sanitaire d'une part en ne développant pas certains créneaux de recherches qui serviraient une clientèle potentielle innombrable mais insolvable, d'autre part en refusant de remettre sur le marché des médicaments existants parce qu'à l'heure actuelle, leur commercialisation ne serait pas rentable, ce qui amène des organisations humanitaires qui en sont financièrement capables à racheter des brevets pour traiter adéquatement les populations médicalement abandonnées[15,24,25].

Les Trade Related Aspects of Intellectual Property Rights Agreements (TRIPs), l'Organisation Mondiale du Commerce (OMC) et l'arsenal économico-financier des pays occidentaux empêchent la production et la commercialisation par les pays moyennement développés de médicaments qu'ils pourraient mettre sur le marché à des prix quinze à vingt fois inférieurs aux prix imposés, rendant inaccessibles aux habitants de l'hémisphère sud les traitements du SIDA et de maladies infectieuses courantes : ils pourront en disposer quand ces médicaments seront devenus génériques, non protégés et dépassés[26,27,28,29].

Dans le cadre du procès avorté contre le gouvernement d'Afrique du Sud qui ne respecte pas les règles imposées par l'OMC, un des arguments des firmes coalisées consiste à dire qu'elles sont prêtes à mettre les médicaments anti-rétroviraux à la disposition des populations défavorisées à condition que la distribution des produits et le suivi des patients soient correctement assurés ; cet argument pertinent, s'il est reçu, devrait s'appliquer à toutes les populations du globe pour toutes les maladies. Les mêmes firmes n'ont en effet aucun scrupule à vendre, si possible hors prescription, des médicaments inutiles, voire nocifs, à des patients qui n'en ont pas besoin mais sont solvables. Sur le plan du droit à la santé, comme l'indique la publication régulière de la «liste des médicaments essentiels», l'Organisation Mondiale de la Santé considère que 300 médicaments environ sont utiles, le reste est prétexte à alimenter un important secteur économique.

A propos des médicaments bon marché pour le Tiers Monde, le journal *Le Soir* du 3 mars 2001 commente l'ouverture du procès à Pretoria de laboratoires contre le gouvernement sud-africain. Le lundi 5 mars 2001 s'ouvre à Pretoria un procès emblématique puisqu'il oppose 39 firmes pharmaceutiques au gouvernement sud-africain. Ces laboratoires refusent l'application de lois votées en 1997 sous la présidence de Nelson Mendela qui visent à rendre plus accessibles des médicaments trop coûteux. Parmi les mesures du gouvernement sud-africain figurent le recours aux médicaments génériques, l'exigence d'un prix officiel et unique pour les médicaments produits par les grands laboratoires ainsi que la possibilité dans certains cas d'importer de l'étranger des médicaments de marque s'ils y sont vendus moins cher qu'en Afrique du Sud.

Les firmes pharmaceutiques rejettent ces demandes qu'elles considèrent comme de l'abus de pouvoir de la part du gouvernement. Pas question, déclare un des porte-paroles belges des entreprises, de renoncer à notre propriété intellectuelle et aux brevets qui couvrent nos produits. S'il ne nie pas leur responsabilité dans les problèmes de santé majeurs, il ajoute qu'il ne suffit pas de distribuer des médicaments à prix réduit pour que soit atteint l'objectif de santé publique. Le médicament n'est qu'une partie du traitement et il ne peut remplir pleinement son rôle qu'avec un suivi approprié.

Mais depuis quand l'industrie du médicament s'inquiète-t-elle du suivi médical après la vente de son produit?

Dans ce cadre, un PDG de l'industrie pharmaceutique a annoncé sa décision de vendre les médicaments les plus essentiels à 10 % de leur prix normal aux pays les plus nécessiteux mais pas à n'importe quelle condition. Cela doit se faire en partenariat avec des ONG ou des organismes locaux et uniquement dans le cadre d'opérations qui pourront garantir le suivi des traitements.

On peut craindre que des pays indépendants depuis peu, économiquement fragiles et complexés acceptent mal d'être ainsi remis sous tutelle, la population locale innocente dût-elle en souffrir terriblement.

La loi votée par l'Afrique du Sud est-elle conforme aux règles commerciales internationales? En 94, l'Organisation Mondiale du Commerce (OMC) a décidé de protéger les nouveaux médicaments par un brevet d'une durée de vingt ans avec une exception; si une épidémie grave se manifeste, un gouvernement peut recourir à des importations parallèles ou faire fabriquer sur son sol ou ailleurs ses médicaments via une licence obligatoire qui lui serait accordée malgré la protection légale du brevet. Or, quatre millions de personnes séropositives en Afrique du Sud, cela fait un adulte sur cinq, on peut difficilement nier qu'il s'agisse d'une épidémie.

Le Brésil, lui, a choisi une autre voie en décidant de contourner les brevets pour produire localement des médicaments contre le sida. Aujourd'hui, pratiquement tous les Brésiliens qui en ont besoin bénéficient gratuitement de la trithérapie et le taux de mortalité de séro-positifs et malades du sida a été divisé par deux; quant aux dépenses de santé de l'Etat, elles ont baissé de 400 millions de dollars. Revers de la médaille : le Brésil est poursuivi par l'OMC à l'initiative des Etats-Unis qui estiment que la législation brésilienne viole les droits de propriétés intellectuels. Le Brésil, de son côté, estime que cette procédure viole le droit à la santé. Le débat est loin d'être clos. L'action contre l'Afrique du Sud est suspendue, celle contre le Brésil suit son cours. Une bataille est gagnée mais la guerre est sans fin et l'adversaire est riche et intelligent.

Sur le plan de l'accès aux soins, la médecine humanitaire témoigne en permanence des différences abysalles entre les pays en voie de développement et les autres, surtout pour des raisons de gestion incompétente des ressources et d'insolvabilité de la patientèle. Ce ne sont ni les médecins ni les infirmières africains ou sud-asiatiques qui manquent en nombre ou en qualité, ils peuplent d'ailleurs nos services hospitaliers, mais bien les fonds pour les rémunérer et la qualité des infrastructures dans leurs pays d'origine. Les pays où les soins élémentaires sont refusés à la population ordinaire accueillent le plus souvent un hôpital central français ou américain équipé selon nos normes et mis à la disposition des « élites » locales, du personnel de nos ambassades et des touristes. A défaut de ces hôpitaux exotiques mais peu indigènes, des rapatriements sanitaires tiennent lieu de services de santé pour la frange infime de population détentrice du pouvoir. Il n'est pas rare qu'un hôpital à l'occidentale consomme à lui seul plus de la moitié du budget santé d'un état africain alors que moins de 10 % de la population y a accès[30]. Enfin, pour pondérer ce constat, le réalisme oblige à reconnaître que les médicaments et les soins hospitaliers occupent une place secondaire, loin derrière l'élévation du niveau de vie, l'instruction et la sanitation dans le maintien et la restauration d'une santé acceptable dans les pays les moins avancés.

Par ailleurs, il y aurait beaucoup à écrire sur l'exploitation par nos hôpitaux et leurs confrères européens des médecins originaires des pays hors Union Européenne. Ils sont de plus en plus nombreux à assurer les permanences, les gardes de nuit et de week-end ainsi que les tâches routinières et administratives. Un des aspects positifs de la lutte contre la soi-disant pléthore médicale sera de les rendre indispensables. Hôpitaux et praticiens installés se retrouveront alors comme les citoyens romains devant Spartacus ou les rois fainéants face à leurs maires du palais. Il sera temps pour nous, médecins occidentaux porteurs des titres reconnus, de nous souvenir que les escaliers de l'histoire résonnent du bruit des sabots qui montent et des escarpins qui descendent.

4. LA VICTIMISATION SELON LES REVENUS

Le niveau des revenus partout dans le monde est un déterminant de la manière dont les gens prennent soin de leur santé : les personnes aisées, généralement dotées d'assurances soins de santé complémentaires, sont demandeuses au-delà des besoins réels en médecine et chirurgie de confort dans l'espoir d'optimiser leur temps de retraite. Ce sont des proies faciles et rentables pour le secteur médico-hospitalier et celui du médicament. Crédules et demandeuses, elles consentent à tous les traitements, même les moins rationnels.

Les pauvres sont plutôt victimisés de manière passive suite à l'érosion de la gratuité et de l'accessibilité aux soins de première ligne. Le coût de certains traitements, particulièrement dans le domaine d'affections peu fréquentes, donc politiquement non rentables, les rend inaccessibles aux plus démunis. Même si un remboursement est prévu, il l'est a posteriori et sur base de démarches que des malades défavorisés ne sont pas à même d'entreprendre seuls : il s'agit non seulement de chimiothérapies et d'antirétroviraux, mais aussi d'antiagrégants, d'antiulcéreux, de soins dentaires, de stomathérapies, de produits infirmiers et de nursing. Au mieux, s'ils sont dociles, les défavorisés pourront-ils bénéficier de «traitements compassionnels» dans le cadre d'essais thérapeutiques ou d'échantillons médicaux de plus en plus parcimonieusement distribués.

Le Forum bruxellois de lutte contre la pauvreté qui réunit 153 organismes a dressé l'état des lieux de la situation et évoque des solutions. Daniel Lhost, le secrétaire permanent du Forum, a insisté sur la dualisation d'une société de plus en plus marchande que les soins de santé renforcent malgré le système de protection sociale. Ainsi, un tiers des personnes aidées par les commissions publiques d'aide sociale ne bénéficient pas de l'assurance complémentaire, même lorsqu'elles sont remises en ordre pour l'assurance obligatoire. Au-delà de cette couverture insuffisante, les frais pour soins de santé contribuent de plus en plus souvent au surendettement car les hôpitaux, surtout privés, pour faire face à leurs difficultés financières, utilisent des sociétés de recouvrement de crédit pour récupérer les impayés évalués à plusieurs centaines de millions d'Euros rien qu'en région bruxelloise. La crainte des coûts et le manque d'information sur les aides existantes dissuadent certaines populations de se soigner, ce qui aggrave leurs problèmes d'insertion, ainsi pour les personnes édentées qui ont bien plus de mal à trouver un emploi ou même plus simplement un logement. Le Forum conclut que l'on se trouve devant un choix essentiel entre compétition économique à outrance et solidarité sociale. C'est une des raisons pour lesquelles l'actuel Ministre belge des Affaires Sociales, Frank Vandenbroucke, veut instaurer la sécurité tarifaire en soins de santé ainsi qu'un système limitatif du maximum à facturer.

A propos des menaces qui pèsent sur la médecine sociale, rappelons encore cet autre péril : l'Accord Général du Commerce des Services (AGCS) auquel ont souscrit les Etats adhérant à l'OMC et dont la mise en place est en cours de négociation imposera aux Etats membres l'ouverture de tous les services aux lois du libre échange. Dès lors, toutes les activités de services : santé, éducation, culture pourront être transformées en marchandises et sources de profits ; c'en sera fini de la notion de services publics et d'acquis sociaux. Les politiques nationales visant à sauvegarder les droits élémentaires des populations constitueront des obstacles au commerce et devront se soumettre au verdict d'organisations internationales dont la jurisprudence à venir donnera des allures de normes universelles aux exigences des puissants.

Cette politique contre tous en faveur de quelques-uns est protégée de la critique par le secret et l'absence de démocratie de ceux qui la produisent ainsi que par le retard avec lequel apparaîtront ses effets pervers, notamment dans le domaine de la santé, ce qui empêche les innombrables victimes potentielles de la dénoncer dès aujourd'hui.

Pour l'OMC, il est très rentable de ne rien entreprendre d'efficace contre l'industrie du tabac qui parasite une bonne moitié de l'humanité et de libéraliser dans le même temps les soins de santé les plus exigeants en technologies de pointe, donc les plus rentables, afin de traiter les pathologies lourdes dérivées du tabac et fort opportunément prédominantes dans les pays riches : insuffisances coronariennes, insuffisances vasculaires périphériques, cancers des voies aéro-digestives supérieures, etc. Ce sont là des maladies de populations solvables.

Les inconscients qui consomment et défendent le tabac risquent de devoir recourir à la biologie, à l'imagerie médicale, à la radiologie interventionnelle, puis aux multipontages au mieux, aux chirurgies et chimiothérapies du cancer de l'œsophage, du larynx, des poumons au pire, ruinant ainsi le travail et les économies de toute une vie au bénéfice des mêmes prédateurs qui spéculent à la fois sur le goût immodéré du tabac et les pathologies qui en dérivent.

L'homme dépense infiniment plus pour réparer le mal qu'il se fait qu'il n'aurait dépensé pour éviter de se le faire et on espère toujours le sursaut qui amènera les responsables à voir les choses autrement. Ce qui se passe dans la santé dont le tabac et ses effets dérivés ne sont qu'une facette se passe dans l'agriculture et l'élevage avec les tragédies économiques et humaines de l'EBS — encéphalopathie bovine spongiforme —, de la dioxine, de la fièvre aphteuse. Egalement dans l'exploitation des matières premières et ressources naturelles dont les puissances veulent s'assurer le monopole au prix de guerres induites chez les plus pauvres à la fois dépossédés de leurs ressources et utilisés comme débouchés et laboratoires par les industries de l'armement entre autres.

Il est temps de ne plus se moquer de l'opinion en lui faisant croire que ces activités perverses sont grosses d'effets bénéfiques car il y a sur terre et dans l'espace suffisamment de choses utiles, agréables ou passionnantes et globalement plus rentables pour tous à entreprendre. Chaque fois que cela est possible, et le progrès peut faire que ce le soit toujours, il faut éviter la maladie plutôt que d'avoir à se soigner et éviter de détruire pour n'avoir pas à réparer. Peut-être même y aurait-il dans cette approche d'énormes ressources sans remords pour les inconditionnels du profit.

Chapitre 2
Comment on devient victime

Nous l'avons dit en introduction, la criminalité en «blouse blanche» implique un délinquant, un acte et une victime, la victime fait partie du crime, et il n'est pas rare qu'elle soit responsable de tout ou partie de ce qui lui arrive.

1. LE PATIENT

L'homme bien portant est un malade qui s'ignore, mais consultations et dépistages gratuits combattent cette naïve ignorance en mettant en évidence des lésions asymptomatiques qui auraient pu le rester longtemps. A défaut de mettre au jour des lésions, ces dépistages entretiennent le doute et génèrent une demande d'examens de contrôle secondaires qui, eux, ne sont pas gratuits. L'évolution des maladies est souvent comparable, que le diagnostic soit posé lors d'un dépistage toujours aléatoire ou suite à une consultation médicale suscitée par un symptôme. Il faut disposer de très grands nombres et savoir torturer les chiffres pour leur faire dire le contraire.

Des publicités de plus en plus abondantes incitent au traitement d'affections qui n'en sont que pour ceux qui le veulent : calvitie, cellulite, vergetures, rides, maigreur et embonpoint, qui sont des variantes d'un état normal ou d'un mal-être social. On connaît depuis quelques années les victimes de thés amincissants hautement toxiques dont la prescription a coûté des milliards à la sécurité sociale, aux assurances et à tous les praticiens de l'art de guérir, victimes secondaires de ces abus dont les primes d'assurances en responsabilité professionnelle ont plus que décuplé. Si les victimes primaires sont décédées, transplantées ou dialysées, parfois cancérisées, les vrais coupables n'ont pu être poursuivis[31,32].

Enfin, la commercialisation d'innombrables techniques et médicaments inutiles, sans parler des manipulations et alicaments, exploitent la naïveté et l'ignorance sans freins ni contrôles[33]. La mise en vente en pharmacie de produits dénués de toute vertu thérapeutique leur confère un caractère médical dont ils sont totalement dépourvus, cela ne devrait pas être autorisé.

2. MÉDECINS, PARAMÉDICAUX ET HÔPITAUX

L'abondance de l'offre médicale et hospitalière obéit à des logiques différentes mais aboutit à une survictimisation qui lui est proportionnelle.

2.1. Les médecins

« Nous les aurons par le nombre », disait un ministre belge de la Santé il y a trente-cinq ans. En surnombre, les médecins devront se satisfaire malgré leur haut niveau de qualification de revenus médiocres; ils risquent dès lors de surprescrire sans réserve examens, traitements, médicaments qui alimenteront leur circuit de travail et maintiendront un niveau d'activité médico-hospitalier aussi élevé que possible. Nous y sommes aujourd'hui.

Offre médicale, informations fournies par le Ministère des Affaires sociales, de la Santé publique et de l'Environnement et de l'Institut National d'Assurance Maladie-Invalidité

	1980	1990	1991	1992	1993	1994	1995	1996	1997	1998
Médecins généralistes	10.968	14.580	14.756	14.897	14.984	15.293	15.372	15.378	15.237	15.548
Spécialistes	9.617	13.832	14.243	14.691	14.995	15.605	16.093	16.364	16.959	17.552
Candidats spécialistes	2.178	3.282	3.274	3.592	3.634	3.573	3.478	3.460	3.561	3.482
TOTAL	22.763	31.694	32.273	33.180	33.613	34.471	34.493	35.202	35.757	36.682
Hab./médecin	433	314	309	302	300	293	290	288	284	278

* Il s'agit des médecins ayant un cabinet clinique, enregistrés par le Ministère des Affaires sociales, de la Santé publique et de l'Environnement.

Fin 1998, 36.682 médecins avaient un cabinet clinique : 42,7 % étaient des médecins généralistes, 47,8 % des médecins spécialistes et un médecin sur 10 était un médecin spécialiste en formation. Le nombre de spécialistes a augmenté bien davantage que le nombre de généralistes et la densité du réseau de médecins s'est accrue. En 1998, il y avait 278 habitants par médecin, soit 36 médecins par 10.000 habitants dont 15,4 médecins généralistes, 17,2 spécialistes et 3,4 candidats spécialistes.

Actuellement, un médecin généraliste effectue deux années de stages après l'obtention du diplôme de docteur en médecine, un spécialiste six ; il faut souvent deux années de pratique professionnelle pour être tout à fait performant, soit à plus ou moins 29 ans pour un généraliste, 33 pour un spécialiste. Sans problème de santé et compte tenu de l'évolution des sciences et technologies, un médecin peut raisonnablement espérer une vie professionnelle pleinement active jusqu'à 60 ans environ selon son type de travail. Il doit donc en 25 à 30 ans rentabiliser ces années au cours desquelles il a peu gagné. Il est en effet devenu impossible d'avoir une petite activité rémunératrice ou d'appoint pendant les années d'études et les années de spécialisation restent sous-payées malgré les lois et règlements. Outre l'amortissement des années d'études, il convient sur cette courte période d'épargner pour la retraite et de s'assurer en responsabilité pour des montants de plus en plus élevés.

A moins d'être un nanti ou un ascète, le médecin devrait aujourd'hui être très bien rémunéré pour obtenir une juste valorisation de ses aptitudes, de ses études, de son travail, de sa disponibilité, etc. Raison de plus pour préférer un salaire équitable avec un plan de carrière et abandonner la rémunération à l'acte si on veut garder une médecine de qualité à un prix accessible pour tous.

Certains craignent qu'un salariat médical ne favorise le maintien de hauts revenus pour des prestataires qui deviendraient de moins en moins actifs au fil des ans. L'histoire récente de la médecine au forfait et son fonctionnement actuel dans certains pays leur donnent trop souvent raison. Des modalités de rémunération qui tiennent compte de l'efficience, de l'activité réelle et du niveau de formation des médecins devraient être étudiées pour limiter autant que faire se peut toutes les formes de dérives possibles.

Dans un premier temps, il conviendrait d'en revenir à l'honoraire pur, le prix de journée pour le gestionnaire étant revu en conséquence. Il est plus logique de verser 250 euros au chirurgien pour une intervention majeure que de lui attribuer 500 euros dont le gestionnaire retient la moitié ou d'attribuer 400 euros à un radiologue pour la réalisation et l'interprétation d'un examen sophistiqué dont il ne percevra après retenue sur honoraires que 40 euros.

A partir d'honoraires purs revalorisés pour tous les actes intellectuels, il faut introduire un plafonnement du revenu mensuel dans le cadre de la médecine conventionnée et sur base du temps réellement presté, étant entendu qu'en 20, 30 ou 40 heures de prestations hebdomadaires, gardes exclues, dans un système de tiers payant garanti, un médecin ne peut dépasser un certain plafond de revenu sans bâcler, sous-traiter ou exploiter des collègues souvent plus jeunes qui sont, eux, salariés dans des contrats léonins. Cela implique aussi que toutes les prestations soient obligatoirement attestées par le médecin qui les preste effectivement et qu'il en perçoive les honoraires.

Les ordres sont là aussi pour vérifier de manière approfondie les contrats qui seraient établis en restant dans le cadre précis de normes convenues.

Il s'agit d'un problème délicat mais, d'avoir exercé la moitié de ma vie professionnelle comme salarié, l'autre comme indépendant, je dois admettre que les deux systèmes sont très imparfaits, le premier générant lenteur et inertie, le second hyperactivité, agressivité thérapeutique et déshumanisation des soins. Des acteurs et des décideurs de bonne volonté et surtout de bonne foi doivent trouver des solutions intermédiaires qui limitent au maximum les aspects négatifs des deux modes de rémunération.

2.2. Infirmie(è)r(e)s et paramédicaux

Trop peu nombreux, tous les moyens médiatiques sont mis en jeu pour organiser leur pléthore. Ce sont des diplômés de l'enseignement supérieur, taillables et corvéables, soumis à des horaires contraignants et enfermés dans des hiérarchies d'un autre âge. Par des publicités alléchantes et peu dignes de la profession, l'entreprise hospitalière souhaite développer ce vivier de ressources humaines qualifiées, idéalistes et motivées mais toujours sous-payées. Néanmoins, la reprise économique avec la baisse du chômage associée au caractère désuet et suranné des vocations compassionnelles, caritatives et largement désintéressées risque d'aggraver cette pénurie. Déjà aux Etats-Unis, les infirmières s'en tiennent à des tâches professionnelles techniques précises, qualifiées et bien rémunérées et si le patient veut un peu de confort : le mobiliser, faire mieux et plus souvent sa toilette, l'aider à manger, à se déplacer, il doit engager à l'heure ou à la journée les services payants de gardes-malades, disponibles dans le hall de l'hôpital et tant pis pour les patients pauvres à moins que des bénévoles de l'un ou l'autre mouvement humaniste ou religieux leur accordent un peu de temps.

2.3. Proactivité

Pour stimuler l'activité du secteur médico-hospitalier, médecine et chirurgie proactives sont devenues des pratiques courantes de la médecine spécialisée. Elles se distinguent du dépistage systématique et organisé par une plus grande personnalisation de la relation thérapeutique et la création délibérée de dépendance du patient. Le but du spécialiste n'est plus de guérir le patient ni de le démédicaliser mais de suivre l'évolution de sa pathologie et de se tenir prêt à intervenir dès l'apparition de symptômes ou même avant. Les affections liées au vieillissement ou à une mauvaise hygiène de vie — tabagisme, sédentarité, obésité, alcoolisme — sont évolutives, itératives et leur traitement, parfois iatrogène, source intarissable d'actes spécialisés. L'attitude médicale proactive est à la fois celle du chasseur qui piste son gibier et du pêcheur qui ferre son poisson. L'objectif n'est pas de s'attaquer aux causes pour guérir ou arrêter l'évolution, ce qui reviendrait à rompre la branche sur laquelle on est assis, mais bien de suivre la maladie et de se tenir prêt à intervenir à l'apparition du prochain symptôme ou de l'aggravation silencieuse susceptible de devenir parlante.

La proactivité implique la reconvocation systématique au moins une fois l'an avec batterie d'examens techniques à la clé, alors qu'une bonne gestion du cas supposerait, de la part du spécialiste, le renvoi au médecin traitant pour le suivi en l'informant de sa disponibilité au moindre problème.

Les reconvocations de patients prennent dans certaines spécialités un caractère d'injonction qui s'apparente à un chantage. « Veuillez vous présenter à ma consultation le... à... muni de vos anciennes radiographies; en cas d'empêchement, contactez mon secrétariat pour fixer un autre rendez-vous », même le patient en pleine forme évitera de ne pas donner suite par crainte d'être taxé de négligence voire carrément éconduit le jour où il aura vraiment besoin des soins du spécialiste. Cela se produit d'autant plus qu'un des effets de la pro-activité est de saturer les consultations en sorte que les demandes spontanées de rendez-vous ne peuvent être rencontrées qu'avec de trop longs délais qui s'apparentent à un déni de soins. En procédant ainsi, le spécialiste se forge une réputation facile, beaucoup de patients étant favorablement impressionnés par des délais d'attente de plusieurs mois.

Parfois justifiées pour des raisons scientifiques, les consultations sur reconvocation devraient être non payantes. Rien n'empêche par contre le spécialiste, si cette gratuité lui pèse, d'écrire au médecin traitant ou de dire au patient que, dans son cas, il serait opportun de reprendre rendez-vous périodiquement pour une visite de contrôle. Cela rendrait aux patients leur liberté et ouvrirait des places de consultations pour le plus grand bien des nouveaux malades et des urgences.

Dans le secteur de la chirurgie vasculaire entre autres, le recrutement et l'entretien de la patientèle deviennent iatrogènes, surtout depuis l'apparition de techniques de revascularisation dites non invasives. Alors que l'essentiel de la thérapeutique des patients atteints de maladies artérielles oblitérantes devrait consister à traiter le tabagisme comme une vraie toxicomanie, à équilibrer correctement un éventuel diabète, à réduire une surcharge pondérale et à forcer la mobilité par la kinésithérapie, on voit le plus souvent prescrire des examens invasifs généralement suivis de revascularisations peu opportunes alors que, sauf exception, la claudication intermittente — crampes à la marche plus ou moins prolongée — n'est pas une indication opératoire pour les cliniciens raisonnables. L'imagerie de ces patients montre en effet des lésions symptomatiques ou non à de multiples niveaux : artères des membres, artères rénales, carotides, coronaires... Ces lésions sont pour le chirurgien vasculaire ou le radiologue interventionnel un gisement inépuisable d'actes alors qu'il conviendrait de s'attaquer avec conviction aux vraies causes du mal : tabac, métabolisme, sédentarité.

En vasculaire et plus encore en orthopédie, le chirurgien se charge souvent seul de la mise au point, du traitement et du suivi du patient, ce qui l'incite peu à modérer son interventionnisme et à porter un regard critique sur ses résultats.

Trop de patients sont amputés, grabataires ou décédés alors qu'ils se plaignaient simplement d'éprouver quelques crampes en allant acheter leurs cigarettes au coin de la rue pour ne pas souhaiter plus de contrôles à défaut d'autocritique en cette matière.

Ceci n'est qu'un bref aperçu des attitudes proactives qu'il ne faut évidemment pas confondre avec l'éducation à la santé, la prévention et les prophylaxies.

Beaucoup de spécialistes qui travaillent en hôpital où les honoraires sont contrôlés et en privé où les honoraires peuvent être libres saturent délibérément grâce à cette proactivité leurs consultations hospitalières pour contraindre les patients pressés ou aisés de s'adresser à leur privé plus rentable d'où ils orienteront vers le choix de soins personnalisés en isolement avec les suppléments d'honoraires afférents. Ainsi, dans certains cas, les vraies urgences réduites aux chambres communes ou à deux lits n'auront qu'à attendre. Cette ségrégation peut aller au point que les patients privés de certains hôpitaux portent un signe distinctif ayant valeur de coupe-file pour passer en priorité aux laboratoires, en imagerie médicale, en radiothérapie, etc.

2.4. Offre hospitalière et fusions

Les clivages linguistiques, philosophiques et politico-mutuellistes inhérents au mal belge combinés à la multiplication des facultés de Médecine avec leurs CHU sont des facteurs essentiels d'accroissement du nombre d'examens, d'actes et de dépenses. Dans le but louable de rationaliser l'offre hospitalière, les pouvoirs publics ont encouragé les regroupements d'institutions qui ont dû atteindre un nombre critique de lits pour bénéficier d'autorisations à développer des services lourds ainsi qu'à pratiquer des techniques rentables et convoitées[34]. La France connaît les mêmes contraintes mais avec fermeture effective des sites trop petits ou trop peu performants.

Contrairement aux résultats espérés, en Belgique, ces fictions de fusions ont surtout permis à de petites entités ainsi regroupées d'avoir les mêmes exigences et ambitions que les CHR et CHU reconnus avec un essaimage inopportun de techniques médico-chirurgicales qui auraient dû rester sous le contrôle de centres ayant un important débit et par là une expérience reconnue. Il est en effet démontré que certaines interventions complexes impliquant des mises au point, des chirurgies et des soins intensifs sophistiqués sont grevées d'un taux de complications plus élevé si elles sont pratiquées trop rarement dans une institution. Il en est ainsi pour la chirurgie cardio-vasculaire et la neurochirurgie, une étude récente du *New England Journal of Medecine* vient encore de l'établir pour la chirurgie pulmonaire (*The Influence of Hospital Volume on Survival after Resections for Lung Cancer*, P.B. Bach *et al.*, NEJM, vol. 345, n° 3, p. 181-188, 2001).

Ces fictions de fusions donnent aussi l'illusion aux patients et aux médecins traitants qu'ils ont affaire à un même hôpital : le central d'appels téléphoniques unique, le système d'appel personnes, les consultations et rôles de garde centralisés font qu'un médecin peut être sur un site en étant de garde sur un autre site distant de plus de trente kilomètres. Il n'y a en effet pas assez de spécialistes pour assurer les gardes sur ces sites dispersés. Ainsi, pour maintenir l'illusion d'hôpital de proximité, les patients voient leur sécurité compromise, surtout dans les régions à moindre densité de population.

Enfin, bien que cela soit illégal, il n'est pas rare que si un hôpital du groupe fusionné est reconnu service de stage, il délègue sur ces sites secondaires des candidats spécialistes amenés ainsi à travailler en dehors de l'encadrement professionnel défini par le législateur[35,36] donc sans supervision directe de spécialistes expérimentés.

2.5. Abondance de l'offre et précipitation des décisions thérapeutiques

Contrairement à une opinion répandue et entretenue par les milieux professionnels, l'absence de listes d'attente pour les examens sophistiqués et les interventions chirurgicales n'est pas un signe de qualité des soins de santé. Bien au contraire, lorsque, dans un pays ou une région, le patient qui consulte pour une arthrose de hanche ou de genou se retrouve dans le mois équipé d'une prothèse, celui qui consulte pour une claudication à 500 mètres est greffé dans la foulée de sa mise au point et celui qui souffre d'un angor peut se voir multiplement ponté en semi-urgence, on peut dire que la situation est préoccupante et cela pour plusieurs raisons.

La mise au point du patient se résume alors à la mise au point d'un symptôme hors du contexte de santé globale, de la situation socio-professionnelle et familiale et de la motivation personnelle à récupérer une meilleure qualité de vie. Souvent, appelé pour des patients qui claudiquaient effectivement à moins de 100 mètres, avais-je l'occasion en marchant avec eux de constater qu'ils étaient à bout de souffle avant que leurs crampes de mollet les contraignent à l'arrêt mais leur mise au point s'était faite exclusivement sur l'état de leurs artères, en fait sur des images. Un chirurgien n'opère pas des images. Parfois aussi m'a-t-on demandé de pratiquer des résections pulmonaires chez les patients porteurs de lésions malignes et dont les épreuves fonctionnelles montraient qu'ils pouvaient supporter jusqu'à la pneumectomie; ici aussi, en montant avec eux une volée d'escaliers, avais-je l'occasion de réaliser que cet effort léger leur coupait le souffle et la parole. Là aussi l'intervention même indiquée au point de vue de la maladie cancéreuse eut été une catastrophe sur le plan des chances de survie à l'opération et de la qualité de vie après. A quoi bon être guéri du cancer pour survivre à côté d'une bonbonne d'oxygène sans pouvoir se déplacer et à peine parler.

Les patients ainsi saisis dans le contexte hospitalier et transférés du service de médecine au service de chirurgie sont empêchés de prendre d'autres avis, de se faire expliquer par leur médecin traitant les tenants et aboutissants du traitement proposé, de se voir présenter des alternatives thérapeutiques et surtout de bien réaliser les risques de l'intervention proposée comparés aux risques de l'abstention ou du choix d'une alternative si elle existe. Hors état de nécessité, l'hospitalisation devrait être interrompue entre la mise au point diagnostique et le traitement chirurgical.

L'abondance de l'offre chirurgicale rend inutile la pondération des opérateurs intègres puisque le chirurgien qui hésitera à proposer une gastroplastie sans avis psychologique, exploration métabolique et essais diététiques, aura souvent la surprise de rencontrer quelques semaines plus tard le patient opéré ailleurs, l'œil narquois. Les mêmes patients se grouperont hélas plus tard en association de défense des opérés de gastroplastie pour tenter de prévenir les suivants de ce qui les attend : une vie à maigrir et à vomir, une cascade de chirurgies plastiques et une invalidité majeure irréversible.

Le médecin devrait pouvoir résister aux demandes des patients mais il agirait ainsi à l'encontre de ses intérêts immédiats. Le patient pouvant consulter qui il veut où il veut trouvera toujours dans le système actuel le dispensateur d'examens ou de soins recherché.

3. LES SOINS DE SANTÉ DE MOINS EN MOINS SERVICE PUBLIC

3.1. Amortissement des investissements

Ce qui est produit doit être vendu avec un maximum de profit. Cette logique économique s'applique au matériel médical, aux prothèses de toutes sortes et aux médicaments, ainsi qu'aux réseaux de distribution hospitaliers dont le difficile équilibre financier stimule le dynamisme commercial et l'esprit de concurrence[37].

Les demandes d'acquisition de matériel médical se font souvent sur base de l'engagement des médecins à les amortir. Un matériel de 750.000 euros sera acquis sans difficulté si les médecins garantissent une prescription de dix examens par jour, remboursés par exemple à cent cinquante euros l'unité ; avec les bénéfices collatéraux et les aides des pouvoirs publics pour acquérir les équipements, en moins de deux ans l'investissement devient hautement rentable. Entre-temps, d'autres matériels plus pointus se seront ajoutés sans pour autant que les examens devenus obsolètes cessent d'être prescrits. Cet effet boule-de-neige augmente sans cesse le nombre des examens et le coût global des mises au point; des mesures restrictives sont bien prises mais avec une latence et une inertie telles que d'énormes gaspillages auront entre-temps été tolérés.

Gérer les hôpitaux comme des entreprises privées et non comme des services publics conduit à de multiples actes déviants avec leur lot de victimes; l'énumération est loin d'être exhaustive.

3.2. Ingénierie hospitalière

Rentabilisation des lits. Jusqu'il y a peu, il était courant d'admettre le patient à huit heures du matin dans un lit que l'on ne libérait qu'après quatorze heures et facturer ainsi deux journées par vingt-quatre heures tout en améliorant les taux d'occupation. Malgré des mesures dissuasives, ces pratiques subsistent avec des répercussions négatives sur l'hygiène hospitalière quand le personnel d'entretien a à peine le temps de laver et de désinfecter la chambre et le mobilier avant la réception du patient suivant.

Les déménagements stratégiques de patients entre lits lourds ou monitorisés plus rentables et lits banalisés constituent une charge financière inutile pour la société mais aussi un surcroît de travail pénible pour les infirmières et un grand inconfort pour les patients ainsi mobilisés et parfois parqués en soins intensifs où ils n'ont guère de raisons de se trouver.

Médecine défensive. Les médecins sont incités par les gestionnaires et encouragés par une conception défensive de l'exercice de leur profession à demander des examens cardiologiques sophistiqués, des épreuves fonctionnelles respiratoires, des biologies étendues, des imageries médicales inutiles au diagnostic et au traitement du patient qui se prête souvent au jeu, trop heureux de l'intérêt qu'on lui porte[38].

Résumé Clinique Minimum. RCM. En Belgique, le RCM résume de façon anonyme les pathologies présentées par le patient et les interventions ou techniques spéciales dont il bénéficie durant son séjour à l'hôpital. Toutes ces informations sont codifiées selon la 9e version de la classification internationale des maladies (ICD-9-CM) et sont envoyées chaque fin de semestre au Ministère de la Santé Publique.

Aperçu du contenu de l'enregistrement RCM

Identification de l'établissement	Séjour	Diagnostics en ICD-9-CM	Interventions en IDC-9-CM
Patient Numéro anonyme de patient Age Sexe Domicile Réadmission	Numéro unique de séjour Date d'admission (année, mois) Durée de séjour Type d'admission : urgences-100 ou médecin traitant Instance qui adresse le patient : - propre initiative - médecin traitant... Type de sortie : - sur avis médical - transfert autre hôpital, décès... Destination : - Domicile, MRS - Hôpital psychiatrique Examens effectués en dehors de l'hôpital : - PET scan, - Coronarographie... Index de lits : - C (chrirurgie) - D (médecine) - M (maternité) - Spécialité(s) : orthopédie, gastro-entérologie...	Diagnostic principal Infarctus Appendicite Fracture hanche Diagnostic(s) secondaire(s) - Bronchopneumopathies chroniques - Diabète - Insuffisance rénale - Insuffisance vasculaire périphérique	Operating room procedures - Prothèse de hanche - Cholécystectomie... Non operating room procedures : - Ponction suspubienne - Voie centrale - Intubation Prestations en nomenclature INAMI - Imageries médicales - Echo Doppler - Avis spécialisés - ECG - Biologies...

Sur base des informations encodées, les patients sont classés dans un groupe homogène de malades ou *diagnosis related group* (DRG). Pour chaque groupe homogène de malades, le Ministère calcule une durée moyenne de séjour qui servira de référence pour l'année en cours.

Si la somme des durées de séjours de l'hôpital est inférieure à la somme des durées moyennes de séjours nationales qui servent de référence, l'hôpital est considéré comme performant et son financement est partiellement augmenté. Dans le cas contraire, le financement de l'hôpital est partiellement diminué.

Pour les hospitalisations de jour, l'hôpital est comparé à la moyenne nationale de substitution de l'hospitalisation de jour à l'hospitalisation classique pour 217 prestations choisies qui sont des prestations susceptibles d'être réalisées en hospitalisation d'une journée ou *one day*.

Le RCM permet donc au Ministère de la Santé Publique d'ajuster le financement de l'hôpital, d'inciter à raccourcir les durées d'hospitalisation et à recourir le plus possible à l'hospitalisation de jour.

Les conférences RCM organisées annuellement par la plupart des hôpitaux n'évoquent à ce jour que les performances quantitatives, jamais la qualité des résultats. Il faut en faire un maximum en un minimum de temps. Selon les responsables ministériels du RCM, c'est seulement pour les prochaines années que seront introduites les notions de qualité, d'indication, de résultat et de survie digne d'être vécue. Il eut été à la fois plus économique et humain de commencer par là.

L'une des réussites incontestables du «RCM 1996 en image» du Ministère Belge des Affaires sociales, de la Santé publique et de l'Environnement est de permettre la visualisation des écarts géographiques quant au nombre de séjours hospitaliers, à leur durée et au type de traitement pour une pathologie déterminée. Certains des écarts présentés pourraient constituer le point de départ d'études plus larges et plus approfondies qui n'entrent pas dans le cadre de cet ouvrage.

Ces recherches pourraient concerner des aspects que le RCM en image s'est contenté d'effleurer, tels que la qualité des soins et l'évaluation de la pratique médicale en fonction des différences géographiques, culturelles, linguistiques et socio-économiques. Nul doute que cela se fasse dans les prochaines années.

L'impact du RCM sur l'établissement du prix de journée a encore aggravé la compétition entre hôpitaux : pour attirer patients et médecins traitants, les institutions de moindre importance s'efforcent de recruter pour des activités ponctuelles des spécialistes généralement universitaires considérés comme de grosses pointures qui désertent leur faculté, leur chaire et leurs laboratoires pour venir prester des actes inhabituels et très bien évalués par la nomenclature, améliorant ainsi la proportion de pathologies lourdes prises en compte pour l'établissement du prix de journée d'hospitalisation attribué à l'institution.

Ces spécialistes se vendent un peu comme des sportifs professionnels, ils y trouvent leur intérêt au péril des patients qui subissent des chirurgies thoraciques, vasculaires, hépatiques, neurologiques sophistiquées dans un contexte où les mises au point et surtout le suivi postopératoire ne sont pas assurés comme ils devraient l'être. Sur le plan du *risk management*, ces activités devraient être proscrites[76].

Il est infiniment préférable pour le patient et les intervenants que les pathologies lourdes soient transférées dans des centres hospitaliers dont la compétence à les prendre en charge est reconnue par leurs pairs, les assurances et les responsables de la santé publique.

Ces cinq dernières années, la manipulation informatisée des RCM a conduit à une ingénierie hospitalière comparable à l'ingénierie fiscale dans le but d'obtenir un financement maximum au détriment des fonds publics. En parallèle au service ministériel du RCM, des sociétés ont développé des logiciels pour valoriser les performances des institutions hospitalières.

Les données RCM de l'hôpital sont ainsi comparées aux normes de référence du Ministère, ce qui permet à l'institution d'obtenir une approche statistique détaillée de ses données et de réaliser des simulations financières en fonction des normes ministérielles. Le principe fondateur de cette ingénierie consiste à anticiper les éventuelles lacunes qui peuvent apparaître dans le contenu des RCM comme des saisies insuffisantes des prestations et des diagnostics les plus valorisants.

Ces systèmes permettent non seulement de déceler des manquements mais surtout d'adapter vers le haut le contenu des RCM avant l'envoi des bandes informatiques de l'hôpital au Ministère. Cet envoi est extrêmement important dans la mesure où le degré de performance de l'institution est évalué sur base des données RCM enregistrées qui sont de moins en moins conformes à la réalité suite aux manipulations qu'elles subissent.

Les systèmes proposés aux hôpitaux sont actualisés à chaque modification des règles de financement, permettant ainsi de faire en continu la simulation du *feedback* financier.

Certaines applications sont capables de gérer les données de plusieurs hôpitaux appartenant à un même groupe et de générer des statistiques comparatives pour plusieurs institutions. Les fournisseurs de ces logiciels sont également disposés à traiter les données RCM des institutions hospitalières en lieu et place des médecins qui devraient attester ces documents. Comme pour les bureaux d'expertise fiscale, l'investissement est lourd mais le bénéfice appréciable et le préjudice pour le budget des soins de santé important.

Hospitalisation de jour. L'hospitalisation de jour conçue pour réduire les coûts est de plus en plus utilisée pour des traitements et examens qui se faisaient jusqu'ici en ambulatoire ou au cabinet du médecin, entraînant un surcoût là où des économies étaient attendues.

De multiples mesures contraignantes sont imposées pour raccourcir par maladie le temps de séjour à l'hôpital. On donne au patient à croire que plus vite sorti signifie plus vite guéri. Il n'en est rien et si les courts séjours ont pour seul avantage de diminuer les risques d'infections nosocomiales, ils visent surtout à optimiser le rendement médico-technique de chaque journée d'hospitalisation. Sitôt admis, le patient est embarqué dans un parcours d'examens et d'actes puis renvoyé dans son foyer dès le dernier acte posé même si quelques jours de soins, d'attentions et de repos à l'hôpital lui seraient bien utiles. Chaque minute d'hospitalisation doit être rentabilisée. La logique du système a cette conséquence absurde que prescrire des examens et poser des actes sans prendre le temps d'interroger, d'examiner et de réfléchir donne le meilleur chiffre d'affaires et assure les plus fortes rentrées à l'institution qui, en retour, veille à ce que la patientèle soit orientée vers les agents de production médicaux les plus performants sur ce plan.

3.3. Les ouvertures de services pour raisons financières

Chacun sait à quel point les enfants malades ont besoin d'un environnement adapté à leur âge. En Belgique, une mesure fédérale a tenté d'obtenir que, hors urgence, les moins de quatorze ans soient pris en charge par des services de Pédiatrie, décision d'autant plus rationnelle que les services de Pédiatrie existants sont chroniquement sous-occupés tandis que les services généraux accueillent environ 5 % d'enfants[39].

Avant même que la loi ne sorte ses effets et avec l'accord du niveau de pouvoir régional, une série d'hôpitaux qui n'avaient pas de service de Pédiatrie s'en sont créé un de quinze lits, le minimum légal, afin de pouvoir continuer à hospitaliser pour appendicectomies, circoncisions, amygdalectomies et autres interventions parfois inopportunes, les enfants et jeunes adolescents.

Une unité de Pédiatrie de quinze lits ne saurait s'attacher à temps plein les services de pédiatres spécialisés ni *a fortiori* de chirurgiens, orthopédistes, urologues, anesthésistes, réanimateurs pédiatriques, comme il se devrait dans un pays évolué. Dans un but exclusivement financier, parents et médecins de famille sont induits en erreur par ces hôpitaux offrant des services aléatoires quelle que soit la qualité de ceux qui y travaillent alors qu'à quelques kilomètres de là, des services de pédiatrie de haut niveau ont en permanence vingt à trente pour cent de lits inoccupés.

J'ai évoqué le cas des services de Pédiatrie parce qu'il est caricatural. On pourrait en dire autant de certains services de Neurochirurgie ou de Chirurgie cardio-vasculaire.

3.4. Les Services d'urgence

Le développement anarchique des services d'urgences des hôpitaux et des dispensaires qui en dépendent participe de la même logique. Ces trente dernières années ont vu décupler l'activité des services urgences des hôpitaux au détriment de la médecine générale, de la qualité des soins et surtout du budget de la santé.

Nombre d'admissions annuelles au service des urgences d'un CHR de 350 lits situé dans la banlieue d'une grande ville.

	Nombre de patients
1986	16.287
1987	17.420
1988	18.057
1989	18.761
1990	18.763
1991	20.324
1992	21.477
1993	21.949
1994	22.729
1995	23.214
1996	23.974
1997	25.124
1998	25.548
1999	27.887
2000	28.210

Responsable pendant un quart de siècle de l'organisation de cette activité dans un hôpital urbain, j'ai participé à cet hospitalo-centrisme coûteux et sans bénéfice pour les patients. Les responsabilités sont nombreuses et partagées dans ce dévoiement de l'urgence.

Les hôpitaux, à moins d'appartenir à un réseau qui leur assure un bon taux d'occupation constant, ont vite découvert l'intérêt d'un service accessible 24 heures sur 24, 365 jours par an, en un temps où chacun était mutualiste, ou à défaut, couvert par l'assistance publique du lieu de son domicile. Il n'y avait pas encore de SDF ni de clandestin, le recouvrement des honoraires était assuré. Les patients accédaient librement aux soins, quelle que soit leur pathologie : échardes, piqûres d'insecte, lumbagos, état grippal... Les honoraires de la visite, même largement ponctionnés par le gestionnaire, ne couvrant pas les charges, la rentabilisation de ces urgences a été organisée dès la fin des années soixante par toutes les institutions. Avant même la visite médicale, une biologie élargie, un électro-cardiogramme, des radiographies standards étaient réalisées à partir de demandes pré-signées et complétées ensuite par d'autres actes techniques en fonction des résultats des examens préliminaires et de la clinique. Au moindre doute, s'il y avait place, le patient était hospitalisé pour une mise au point approfondie ; à défaut, il s'en allait muni d'un traitement symptomatique, de rendez-vous spécialisés et rarement à l'époque d'un mot à l'intention de son médecin traitant.

Cette attitude s'est amplifiée au point que les urgences dont plus de 90 % relèvent de la médecine de première ligne ont donné lieu à l'émergence d'une spécialité — l'urgentisme — qui se justifierait si les hôpitaux accueillaient de vraies urgences dépassant les compétences et les moyens du généraliste, ce qui est de moins en moins le cas. La compétence d'urgentiste, une fois reconnue officiellement, a dû justifier son existence et se structurer avec une armée de médecins et infirmiers brevetés en soins aigus — BMA — pour faire le travail de terrain. Tout cela doit s'autofinancer et si possible générer des rentrées supplémentaires pour l'institution hospitalière. Cet objectif ne peut être atteint qu'au prix d'une sur-prescription d'examens redondants, d'hospitalisations indues et de rendez-vous chez tous les spécialistes concernés par l'affection ayant motivé la première visite aux urgences.

On ne peut au stade actuel faire trop de reproches aux hôpitaux puisqu'au fil des ans, la législation, sous la pression du lobby des urgentistes, les a contraints à de multiples investissements en techniques et ressources humaines pour être agréés 100, reconnus services de stages, détenteurs de VIM et SMUR, attributs sans lesquels la survie de l'hôpital est mise en question.

Les médecins généralistes : il y a plus de trente ans, hors accident grave ou malaise sérieux soit au travail soit sur la voie publique, les patients se présentaient à l'hôpital avec un mot de leur médecin traitant expliquant l'objet de la démarche : une prise en charge globale, un examen ou un avis spécialisé. Le médecin hospitalier, hors signe d'urgence réelle, renvoyait d'ailleurs le patient à son médecin de famille s'il n'y avait pas lieu à intervention immédiate.

Au fil du temps, beaucoup de généralistes, surtout en milieu urbain, ont considéré que l'hôpital était un instrument de permanence médicale et un substitut à la continuité des soins qu'ils auraient dû assurer. La patientèle a ainsi pris le chemin de l'hôpital de 18 h à 8 h et les weekends ; ceci entraînant cela, les médecins de famille ont mis leur répondeur en route aux mêmes heures donnant à leur patientèle une raison de plus pour s'adresser aux urgences des hôpitaux à ces heures indues. Dans la foulée, ces généralistes ont aussi perdu l'expérience des diagnostics d'urgence et des premiers soins devenus une compétence sous le nom de brevet de médecine aiguë (BMA).

Les patients, tous milieux sociaux confondus et indépendamment de leurs ressources, court-circuitent de plus en plus le médecin généraliste parce qu'ils veulent tout tout de suite : l'imagerie médicale, l'avis spécialisé, les soins. Si on ne les propose pas, ils exigent les examens sophistiqués mis à la mode par les médias allant jusqu'à consulter dans un autre hôpital s'ils n'ont pas obtenu ce à quoi ils estimaient avoir droit. Le tout gratuitement puisque les hôpitaux ne perçoivent pas directement les honoraires mais envoient une facture que les patients oublient parfois de régler. Ces comportements sont l'expression d'une société d'assistés, plaintive, irresponsable et où chacun se présente en victime ou ayant droit exonéré de toute contrainte. La rectification impérative de ces comportements sera douloureuse.

J'ajouterai qu'à l'heure actuelle, les quelques pour-cent de vraies urgences sont pris en charge avec rapidité, efficacité, compétence dans la plupart des hôpitaux agréés, mais elles le seraient mieux encore si les 90 et quelques pour-cent d'urgences non urgentes n'encombraient pas ces hôpitaux.

Cette crise reconnue par tous les professionnels n'est pas insoluble. Au stade actuel, les hôpitaux ne peuvent refuser de prendre en charge les patients que s'il existe une structure de médecine générale fiable, accessible en permanence et si la population est incitée par les pouvoirs publics à ne pas court-circuiter sans raison valable la médecine de première ligne. Si les généralistes doivent à nouveau assurer permanences et continuité pour pouvoir exercer leur métier, ils devront s'organiser en groupes et l'hôpital pourra redevenir sélectif dans ses prises en charge, il devrait en résulter de sérieuses économies, de meilleures relations médecins de famille-hôpitaux et une diminution de l'hospitalo-centrisme déshumanisant. Il faudra refaire à l'envers et en mieux le chemin jusqu'ici parcouru.

3.5. Les dispensaires de soins

Le développement anarchique d'une activité de dispensaire dans les policliniques des hôpitaux est induit par l'accès incontrôlé aux services d'urgences. D'innombrables soins de type infirmier qui devraient se donner à domicile ou au cabinet médical sont assurés quotidiennement ou presque par l'hôpital où le coup d'œil du médecin avant, pendant ou après le soin infirmier — désinfection, retrait de fils, méchage — justifie un honoraire de visite de spécialiste. Pour un hôpital urbain de 350 lits, 4 à 500 patients par semaine sont concernés par ce type de consultation où le spécialiste consacre deux à trois minutes par patient. Les gestionnaires développent allègrement cette activité au détriment de la médecine générale et des services de soins à domicile. Si l'honoraire de la prestation initiale — sutures, plâtres, interventions chirurgicales — englobait la totalité des soins afférents : soins aux plaies, retraits des fils et plâtres, contrôle avant reprise de travail, on verrait fondre ces activités de dispensaire qui reprendraient des proportions raisonnables pour le plus grand bien de la qualité des soins et de leur image.

Ainsi, comme en bien d'autres choses, «la force de la logique commerciale tient au fait que tout en présentant des airs de modernité progressiste, elle n'est que l'effet d'une forme radicale de laisser-faire caractéristique d'un ordre social qui s'abandonne à la logique de l'intérêt et du désir immédiat converti en source de profit» (P. Bourdieu, *Contrefeux*, 2e éd., Raisons d'agir).

4. LA CROISSANCE DES INFECTIONS NOSOCOMIALES

De «nosocomial», Littré (1908) écrit : «qui est relatif aux hôpitaux», prenant pour exemple «fièvre nosocomiale», «thyphus nosocomial». L'infection nosocomiale est vieille comme les hôpitaux.

La circulaire n° 263 du 13 octobre 1988 appliquant les dispositions du décret n° 88-85 du 6 mai 1988 relatives à l'institution des Comités de lutte contre l'infection nosocomiale (CLIN), en donne la définition suivante : «toute maladie provoquée par les micro-organismes, contractée dans un établissement de soins par tout patient après son admission, soit pour hospitalisation, soit pour y recevoir des soins ambulatoires; que les symptômes apparaissent lors du séjour à l'hôpital ou après; que l'infection soit reconnaissable aux plans clinique ou microbiologique, données sérologiques comprises, ou encore les deux à la fois». C'est une définition d'hygiéniste extrêmement large dans ce qu'elle intègre.

Dans la documentation qu'il diffuse sur son site Internet, le Ministère français de la Santé (11/12/1998) apparaît plus restrictif et nuancé. Il réintroduit un critère antérieur de délai dans l'apparition de l'infection. Il est écrit : «les infections nosocomiales sont les infections qui sont acquises dans un établissement de soins. Une infection est considérée comme telle lorsqu'elle est absente à l'admission. L'état infectieux du patient à l'admission est inconnu, l'infection est classiquement considérée comme nosocomiale si elle apparaît après un délai de **48 heures** d'hospitalisation. Ce délai est cependant assez artificiel et ne doit pas être appliqué sans réflexion». Il y a un souci d'interprétation des faits qui n'est pas sans incidence sur les responsabilités mises en cause. Cela nécessite l'intervention d'un expert. Cette réflexion est directement liée au fait que l'infection nosocomiale relève de modes de transmission différents : «**les infections d'origine endogène** : le malade s'infecte avec ses propres germes à la faveur d'un acte invasif et/ou en raison d'une fragilité particulière, et **les infections d'origine exogène** : il peut s'agir soit d'infections croisées, transmises d'un malade à l'autre par les mains ou les instruments de travail du personnel médical ou paramédical, soit d'infections provoquées par les germes du personnel porteur, soit d'infections liées à la contamination de l'environnement hospitalier (eau, air, matériel, alimentation...)». D'après J. Hureau, *Les Infections nosocomiales*, EXPERTS, n° 42, Mars 1999.

Les infections nosocomiales résultent aussi souvent d'un souci excessif de rentabilité[40]. Ainsi, l'augmentation ces dernières années du nombre d'infections à germes résistants constatée en milieu hospitalier doit rendre plus attentifs encore le patient et son médecin traitant aux risques imprévisibles de la fréquentation des hôpitaux. Les conséquences de ces infections sont dramatiques en chirurgie orthopédique et vasculaire où la contamination d'une prothèse contraint souvent à son retrait et laisse le patient, s'il survit, affaibli et invalidé. Hôpitaux, infirmières et médecins sont conscients de la gravité du problème qui ruine trop souvent leurs efforts, mais les hygiénistes reconnaissent que tout est loin d'être fait pour vaincre les infections nosocomiales car cette lutte oppose des intérêts contradictoires. Le souci de rentabilité peut conduire au mépris des règles élémentaires de propreté et *a fortiori* d'asepsie; depuis le personnel d'entretien qui ne dispose que de quelques minutes pour nettoyer une salle d'opération entre deux interventions, les médecins qui vont d'un service de Soins Intensifs contaminé au bloc opératoire sans changer de tenue, les lavages de mains sommaires, les fautes d'asepsie pour gagner du temps... Toutes erreurs évitables si un responsable a les pleins pouvoirs en ces matières et si l'hygiéniste hospitalier a l'autorité et l'indépendance d'un magistrat dans sa compétence. Enfin, lorsque le taux d'infections nosocomiales augmente sans que la cause en soit trouvée, il faut pouvoir fermer un service, voire une institution jusqu'à ce que le problème soit résolu. Ce que l'on a fait pour la listériose, la

Dioxine, l'encéphalopathie, doit se faire pour les hôpitaux ; vu le nombre de lits et les taux d'occupation, les services indispensables pourront toujours être rendus.

Les infections nosocomiales ne sont donc pas uniquement liées au développement de résistances dues à l'usage inopportun ou abusif d'antibiotiques, aux états immunodépressifs ou à des traitements particulièrement agressifs, mais aussi au non-respect des règles d'hygiène dans les quartiers opératoires où l'accent est mis de plus en plus sur l'amortissement d'un personnel et d'un matériel dont l'usage intensif s'impose tant il est vite dépassé.

L'examen au hasard de trois semaines de temps d'occupation des salles d'opération dans un hôpital général met en évidence le non-respect des temps prévus par le législateur pour le nettoyage, la désinfection et le reconditionnement des salles entre deux interventions. Il s'écoule dans notre étude de cas moins de cinq minutes en moyenne entre la sortie d'un opéré et l'entrée du suivant. Il arrive que ce temps soit négatif lorsque l'anesthésiste pressé par le chirurgien endort dans le local d'induction inclus dans la salle d'opération pendant que l'intervention précédente se termine. Dans ces cas, un simple nettoyage n'est même pas possible ni d'ailleurs une surveillance optimale du patient que l'on endort tandis qu'un autre s'éveille. Certes, le temps officiel de reconditionnement d'une salle a sans doute été trop généreusement calculé et devrait être revu à la baisse car les mesures excessives ne sont généralement pas respectées.

Illustration du turn over pris au hasard de salles d'un hôpital régional vouées à une chirurgie nécessitant un haut degré d'aseptie et équipées dans cette optique d'un flux laminaire.

Les bénéfices du flux laminaire escomptés pour les patients sont annihilés par un turn over déraisonnable.

Salle	Date	Heure début	Heure fin
A1	22/5/2000	10:00	10:30
A1	22/5/2000	10:35	11:30
A1	22/5/2000	11:35	13:50
A1	22/5/2000	13:45	17:03
A1	22/5/2000	17:09	18:32
A2	22/5/2000	7:00	9:22
A2	22/5/2000	9:40	10:59
A2	22/5/2000	11:02	12:45
A2	22/5/2000	12:45	13:55
A2	22/5/2000	14:00	14:52
A2	22/5/2000	14:55	16:44
A2	26/5/2000	8:15	9:38
A2	26/5/2000	9:40	11:15
A2	26/5/2000	11:18	12:46

A2	26/5/2000	12:45	14:15
A2	26/5/2000	14:18	15:30
A2	26/5/2000	15:33	16:29
A2	26/5/2000	16:31	17:15

Certains règlements d'ordre intérieur de blocs opératoires mettent l'accent sur le rendement des opérateurs, jamais sur l'opportunité de leurs indications ni la qualité de leurs résultats. L'usage continu d'une, voire de deux salles, par un même opérateur afin de réduire les pertes de temps liées aux changements de patients amène certains chirurgiens à prester non pour des raisons de nécessité mais par souci de rentabilité dix à douze heures, voire plus en continu, ce qui est interdit dans d'autres professions à responsabilités directes comme les chauffeurs, les pilotes d'avions, les contrôleurs aériens, d'autres encore. Cet usage intensif du temps technique laisse peu de loisirs pour voir les patients et leurs proches avant et surtout après l'intervention, situation qui explique des accidents opératoires, des infections nosocomiales, des plaintes liées au manque d'informations et de contacts humains.

De même que des inspecteurs peuvent vérifier si la tarification introduite par le médecin est conforme à l'acte réellement presté — mais il s'agit là de question d'argent —, il conviendrait de contrôler les temps d'occupation et de reconditionnement des salles d'opération. Les boîtes noires sont là, elles fonctionnent et il serait plus sage de ne pas limiter leur contrôle aux enquêtes judiciaires.

Enfin, cela montre que la conformité, la compétence et le sérieux de certains comités d'hygiène hospitalière — CHH — laisse beaucoup à désirer. Il est urgent que les responsables administratifs et politiques s'en inquiètent.

5. UNE INDUSTRIE PHARMACEUTIQUE TENTACULAIRE

L'industrie pharmaceutique a infiltré tout le secteur des soins de santé et à de nombreux niveaux en a pris le contrôle. Des techniques de vente élaborées couplées à des publications scientifiques orientées induisent le recours à des technologies, du matériel et des produits coûteux pour des actes qui se faisaient aussi bien avec des résultats équivalents, voire supérieurs jusqu'ici et à moindre frais pour le patient et la société.

Les appendicectomies sont réalisées par laparoscopie : trois petits trous en remplacent un à peine plus grand, la durée opératoire est allongée, le temps d'hospitalisation est équivalent et les complications, quand elles surviennent, bien plus graves; le coût en matériel réutilisable et disposable est aussi beaucoup plus élevé.

Il en va de même pour la plupart des hernies où, sans démonstration des avantages pour le patient, les abords par petits trous et la mise en place de prothèses deviennent la règle.

Les progrès de l'imagerie médicale avaient éliminé les tomies exploratrices ou diagnostiques, mais sous prétexte de leur caractère faussement anodin, on voit apparaître dans les programmes opératoires des scopies exploratrices souvent accompagnées de libérations d'adhérences et de biopsies inutiles, voire dangereuses, qui rentabilisent le matériel et le geste chirurgical.

La désobstruction des gros troncs artériels par des techniques simples mais exigeantes pour l'opérateur a été presque partout et malgré d'excellents résultats remplacée par les greffes prothétiques très rentables pour les fabricants et accessoirement pour les installateurs. Les greffes de veines du patient en lieu et place de ses artères obstruées sont, elles aussi, remplacées par des prothèses moins performantes sur le long terme mais tellement plus rentables et faciles à placer.

Le retrait chirurgical des caillots migrateurs ou embolectomie par une chirurgie simple, peu agressive, réalisable sous anesthésie locale, se voit accablé d'une morbidité qu'il n'a jamais eue pour justifier le recours à la fibrinolyse très consommatrice d'actes techniques itératifs, d'examens de laboratoire, de matériels disposables et de médicaments fibrinolytiques coûteux et non dépourvus de danger.

L'utilisation du matériel d'auto-suture réservé à ses débuts aux anastomoses difficiles : bas œsophage, rectum, s'est étendue à toutes les anastomoses digestives au prix d'un harcèlement commercial impressionnant. Les sutures mécaniques ne présentent aucun avantage démontré sur les sutures manuelles, le gain de temps est dérisoire mais le coût du matériel dépasse celui de l'intervention. Les firmes qui distribuent ces produits les ont imposés à un point que la plupart des chirurgiens ne font plus de sutures à la main et ne l'apprennent plus à leurs assistants. Même là où les ressources seraient nécessaires pour d'autres besoins médicaux comme dans les pays en voie de développement, les sutures mécaniques ont été imposées contre le fil et l'aiguille.

On pourrait aussi évoquer les ruptures de stock des pacemakers de base qui amènent à placer des piles et sondes trois à quatre fois plus coûteuses et réservées jusqu'ici à des indications bien précises.

Il y a plus d'un quart de siècle que s'est imposée la normocoagulation par anticoagulants à bas poids moléculaire afin de réduire le nombre de phlébites et d'embolies pulmonaires chez les patients hospitalisés en un temps où les hospitalisations étaient beaucoup plus longues, l'alitement imposé, la mise au fauteuil pendant de longues heures pour éviter les infections pulmonaires de rigueur : toutes attitudes hautement emboligènes. Aujourd'hui, les hospitalisations sont brèves, le lever et la déambulation très précoces, les lits réglables permettent les positions évitant la stase veineuse, mais l'administration systématique de ces anticoagulants, même après le retour à domicile, s'est imposée sous la pression d'un marketing inégalé dans l'histoire du médicament et sur des bases scientifiques de plus en plus fragiles car il est impossible aujourd'hui de faire des études comparatives avec ou sans cette prophylaxie; en effet, alors qu'il y a toujours des phlébites et embolies malgré ce traitement, aucun médecin, dans notre politique défensive, n'oserait ne pas le prescrire. Ces traitements généralisés, là où c'est possible, à toute la planète représentent un chiffre d'affaires en seringues, produits et actes de plusieurs milliards d'Euros par an aux frais de tous et peut-être en vain.

L'arrivée promise d'une molécule qui empêcherait l'hypercoagulation génératrice de phlébites et d'embolies, sans être anticoagulante, mérite d'être suivie de près. Nul doute que le lancement de ce nouveau produit s'accompagne d'un flot de publications «scientifiques» mettant en évidence les dangers hémorragiques et autres liés à l'usage des héparines à bas poids moléculaire. Le lancement d'un nouveau produit potentiellement «blockbuster en stand by dans un pipeline» et protégé financera aussi par sa rentabilité le retrait du marché d'un prédécesseur devenu produit générique et dont les études cliniques sponsorisées ne verront plus que les inconvénients.

Par le financement des recherches cliniques qu'elles inspirent et leurs efforts pour la prise de contrôle des comités de rédaction des revues médicales les plus réputées[41,42], les multinationales pharmaceutiques valorisent scientifiquement leurs produits et érigent leurs prescriptions en normes au point que les médecins qui n'y ont pas recours peuvent être poursuivis en cas de problème pour n'avoir pas agi comme font la majorité de leurs confrères qualifiés de prudents et normalement avisés, ainsi de ces anti-coagulations péri-opératoires systématiques ou de certaines antibiothérapies, comme si l'histoire récente de quelques antiagrégants, spasmolytiques, antiarythmiques, tonicardiaques et vasodilatateurs entre autres n'avait rien appris à personne.

Comprendre la stratégie de l'industrie pharmaceutique implique la connaissance du mécanisme de la mise au point d'un médicament. Le développement d'un médicament prend de douze à quinze ans. Pour certaines maladies fortement médiatisées et politiquement rentables comme le sida ou le cancer, la Food and Drugs Administration (FDA) peut autoriser une procédure accélérée ou fast track mais, classiquement, pour qu'un produit puisse être commercialisé, il doit traverser les étapes suivantes : essais pré-cliniques, IND (Investigational New Drug Applications) auprès de la FDA, puis phase 1, phase 2 et phase 3.

Au cours de la phase des essais pré-cliniques, l'entreprise procède à des tests en laboratoires et à des expérimentations animales pour mesurer l'efficacité du médicament et pour en tester l'inocuité et la stabilité. Si cette phase donne des résultats positifs, on introduit une IND auprès de la FDA. Cette IND contient la composition chimique du médicament, les résultats des essais pré-cliniques et la liste des effets secondaires éventuels. L'IND est automatiquement octroyée si la FDA ne la rejette pas dans un délai de trente jours.

Au cours de la phase 1, on procède, sur un échantillon de 20 à 80 personnes, à des tests dont le but est de vérifier l'inocuité du produit et d'optimiser le dosage. La durée de cette phase peut être de quelques mois à une année. En moyenne, 70 % des médicaments sont admis à la phase suivante. Cette phase 1 est généralement réalisée chez des sujets sains volontaires sur lesquels on étudie la tolérance subjective, clinique et biologique du produit en testant des doses croissantes comparées à un placebo. Parallèlement, une étude pharmaco-cynétique, un bilan d'excrétion et une étude approfondie du métabolisme de la substance sont réalisés.

Dans la phase 2, on élargit les tests à un groupe de 100 à 300 personnes afin de vérifier l'efficacité du produit. Les essais se font généralement en double aveugle, le premier groupe recevant le médicament, le second un placebo. Cette phase 2 dure maximum deux ans. Environ 30 % des médicaments survivent aux phases 1 et 2.

Cliniquement, la phase 2 peut être divisée en deux parties : la phase 2a et la phase 2b.

L'objectif prioritaire des études de phase 2a est de confirmer chez l'homme volontaire sain ou malade les propriétés pharmacologiques potentiellement thérapeutiques observées chez l'animal. Ces études visent donc à étudier les propriétés pharmaco-dynamiques (activité du produit versus placebo avec étude de la relation dose-réponse) en analysant les effets sur divers paramètres cliniques, physiologiques ou biologiques.

Le but principal des études de phase 2b est de démontrer l'efficacité thérapeutique et la bonne tolérance clinique du produit sur de petits groupes de malades homogènes dans l'indication envisagée pour le nouveau médicament.

Dans la phase 3, on augmente encore le nombre de participants aux tests entre 1.000 et 3.000 personnes. La durée de cette phase est de trois ans en moyenne et le taux de réussite est relativement élevé : 80 à 90 % des nouveaux médicaments. En raison du nombre de participations aux essais cliniques de phase 3, cette dernière est considérée par les firmes comme la plus onéreuse de tout le processus de développement. En fait, la phase 3 vise à confirmer et étendre les informations recueillies en phase 2b en vérifiant l'efficacité du produit à la dose sélectionnée versus un placebo et en étudiant son efficacité relative versus une molécule de référence sur une population représentative de patients. La tolérance est également étudiée lors d'une administration prolongée sur une population plus variée.

Une fois que le médicament a fait la preuve de son inocuité et de son efficacité, l'entreprise n'a plus qu'à soumettre une *new dug application* (NDA) à la FDA qui statue alors sur la commercialisation du produit.

En fait, il y a aussi une phase 4 planifiée après la commercialisation du médicament et qui vise à confirmer l'efficacité sur des critères d'évaluation clinique plus difficiles à cerner dans des études à court terme : effets sur la morbidité ou la mortalité par exemple et sur la sécurité du produit dans de grandes populations, ainsi que la recherche d'effets indésirables rares ou dans des sous-groupes particuliers.

Après son agrément et sa commercialisation, en aval de la phase 4, le médicament continue à faire l'objet d'essais cliniques principalement de deux types : soit explicatif, soit pragmatique.

Un essai explicatif vise à améliorer les connaissances sur l'efficacité intrinsèque d'un traitement, c'est-à-dire à isoler son activité biologique propre de tous les facteurs concomitants susceptibles de l'exagérer ou la réduire artificiellement.

L'essai pragmatique vise au contraire à choisir le meilleur traitement pour un type de patient donné dans une indication précise. Il s'agit de déterminer l'utilité d'un traitement elle-même appréciée par un rapport complexe entre ses avantages et ses inconvénients qui peut varier d'un type de patient à l'autre.

Enfin, des essais sont effectués tout au long de la vie commerciale du médicament afin de lui trouver de nouvelles applications et ainsi accroître sa rentabilité tout en réenclenchant les mécanismes de protection.

Synthèse à partir de : Extraits de A.J. Scheen, *Evidence Based Medicine. Apport des essais cliniques contrôlés. Revue Médicale de Liège*, vol. 55, n° 4, p. 216-219, 2000. Extraits de G. Invest Actions, *La biotechnologie en pleine croissance*, Février 2000.

Les publicités à l'intention du corps médical ont pris un caractère de plus en plus puéril, elles s'apparentent par l'image et par le texte à celles qui assurent la promotion des jeux vidéos, des grosses cylindrées et des détergents. Elles dépassent souvent les limites du bon goût et de la décence. Par contre, le texte scientifique qui les accompagne, composition, mode d'action, posologie, contre-indications, est présenté en caractères microscopiques et illisibles. Il suffit de feuilleter n'importe quelle revue médicale pour en avoir le cœur net. Ces publicités papier dépourvues de toute qualité pédagogique coûtent aux firmes plus de 10.000 euros par an et par médecin (*Le Monde*, 12/9/2001).

Comme dans toutes les professions où une part de l'activité est celle de revendeur, et le médecin en est un par ses prescriptions, les producteurs ont recours à toutes les techniques pour assurer l'augmentation de leur chiffre d'affaires et leur survie sur un marché mouvant.

Si la publicité informe le médecin de l'existence du produit et de ses performances supposées, elle ne suffit pas à le faire prescrire. Par ailleurs, les différences de propriétés et de qualités sont souvent minces entre médicaments à objectif commun, prothèses vasculaires ou articulaires, ou encore marques de pacemakers. Une fois admise l'idée de prescrire le produit, imposer l'un plutôt que l'autre, fait recourir à des formes de promotion sans aucune relation avec la qualité ou le rapport qualité prix de la marchandise.

Malgré l'interdit légal, les réunions scientifiques créditées d'unités de formation continue comme les réunions de groupements locaux d'évaluation de la médecine — GLEM —, sont discrètement financées par l'industrie pharmaceutique comme sont d'ailleurs les congrès et revues médicales dont aucune, comme la presse en général, ne survivrait sans ces rentrées. On reste pourtant ainsi dans des normes commerciales et morales acceptables. Mais la norme s'estompe et s'efface lorsque le délégué médical propose au médecin, outre les droits d'inscription au congrès, le voyage et les frais de séjour pour lui et un accompagnant. Plus perverses encore sont les gratifications au prorata du nombre de prothèses, de pacemakers, de médicaments implantés ou prescrits. Même l'identification du prescripteur imposée par le législateur pour contrôler d'éventuels abus permet, par des voies détournées, de savoir qui prescrit quoi et combien pour mieux manifester ensuite sa reconnaissance. L'identification et la poursuite de ces types de délinquances sont quasi impossibles parce qu'infiniment fragmentées comme beaucoup de criminalité en col blanc. L'inspection spéciale des impôts n'ayant ni le temps ni les moyens d'intervenir pour des montants jugés dérisoires, l'impunité est acquise.

Auprès des hôpitaux, clients moins nombreux mais autrement importants, c'est au niveau des ristournes sur les prix facturés que les fournisseurs témoignent leur reconnaissance pour les parts de marché emportées. Selon les gestionnaires, les réserves ainsi constituées peuvent servir à améliorer la qualité des soins et le confort des patients mais aussi à d'autres choses n'ayant que de lointains rapports avec les soins de santé. De plus en plus, en santé comme en d'autres secteurs, les frontières sont devenues imperceptibles entre activités légales et criminelles.

La guerre commerciale est parfois si vive entre firmes que certaines fournissent à perte des médicaments et produits de soins aux hôpitaux qui les distribuent à leurs patients, lesquels une fois rentrés à domicile, se feront prescrire par leur médecin de famille ces mêmes produits non remboursés et hors de prix en officine extra hospitalière. A ce sujet, un «Point de vue de la Rédaction» de *La Revue Prescrire*, Mars 2001, t. 21, n° 215, p. 193, démonte un des mécanismes par lesquels les firmes s'implantent à l'hôpital pour envahir les ordonnances de sortie et gagner ainsi le marché de ville :

Il fut un temps jusqu'au milieu des années 1980 où le prix des médicaments remboursables par l'assurance maladie était bas en France, tout au moins plus bas qu'aux Etats-Unis, en Allemagne ou au Japon.

Au nom de la compétitivité, de la rentabilité, de la capacité d'investissements en recherche, les industries pharmaceutiques installées en France se plaignaient. Ils avaient beau s'évertuer à augmenter les quantités vendues, c'est-à-dire prescrites, et à faire faire des sauts de frontières aux factures de matières premières sur lesquelles étaient calculés les prix de vente, ils ne trouvaient pas le marché français assez rentable.

Depuis, le paysage a changé. Au nom des équilibres commerciaux européens et mondiaux, les prix ont grimpé, fortement grimpé. D'abord à l'hôpital, au nom de la liberté des prix pratiqués ; puis en « ville », au nom d'une modernisation de la « négociation » des prix remboursés.

D'aucuns affirment, et nous en faisons partie, que les prix affichés de tous ces nouveaux médicaments sont en réalité factices, ne correspondant pas aux investissements réels des industriels en termes de matières premières, de structures de production, de recherche, etc. Les prix des médicaments sont en fait déterminés comme étant les prix maximum que les firmes sont susceptibles de soutirer au « marché ».

Prenons l'exemple des nouveaux anti-inflammatoires non stéroïdiens, les fameux anti cox-2 tant vantés dans les gazettes sponsorisées. Ils sont vendus la « peau des fesses », comme il se doit pour des produits présentés comme des innovations « décisives », malgré l'absence de progrès thérapeutique tangible.

En particulier, Vioxx (*rofécoxib*) de Merck Sharp & Dohme-Chibret affiche « en ville » 295,00 FF (prix indicatif), non remboursable (à la date du 9/2/2001) par la Sécurité sociale et non agréée aux collectivités (à la date du 9/2/2001), la boîte de 28 comprimés (à 12,5 mg ou 25 mg), soit environ 10,50 FF (TTC) le comprimé. Tandis que son ambitieux concurrent, Celebrex (*célécoxib*) de Searle & Plizer affiche « en ville » 230,90 FF, remboursable à 65 % par la Sécurité sociale et agréé aux collectivités, la boîte de 30 gélules à 200 mg, soit environ 7,70 FF la gélule (TTC).

Mais que lit-on dans le livret « Politique commerciale 2001 -Hôpital » de Merck Sharp & Dohme-BV (tarif 2001-6/9/2000) ? Que : « *Vioxx, 12,5 et 25 mg, est proposé pour son conditionnement hospitalier de 50 comprimés à 1 centime le comprimé.* Vous avez bien lu : 1 centime (hors taxes), soit 1.000 fois moins que le prix affiché en ville.

Il ne s'agit pas là d'un cas isolé. Ce n'est pas le premier médicament non agréé aux collectivités qui se vend dans les hôpitaux. Et les exemples d'héparines (particulièrement de bas poids moléculaire), d'antibiotiques, etc., vendus à un prix dérisoire (un prix « prédateur » dit-on dans le milieu) sont fréquents à l'hôpital.

La bataille commerciale fait rage dans certains créneaux. Et les firmes feraient n'importe quoi pour s'implanter à l'hôpital, puis envahir les ordonnances de « sortie » et gagner ainsi le marché de « ville ».

« Ce n'est pas nous », pourra dire Merck Sharp & Dohme Chibret, « c'est la filiale néerlandaise qui pratique la prédation en France ».

Certes, mais entre le prix vendu à l'hôpital et le prix généralement pratiqué en ville, il y a quand même une différence !

De quoi donner des arguments à tous ceux qui affirment, et nous en sommes, qu'il existe aujourd'hui à l'échelle mondiale une entourloupe générale sur le prix des médicaments.

6. L'IMPUISSANCE DES COMITÉS D'ÉTHIQUE LOCAUX

Les comités d'éthique locaux — CEL — ont été créés entre autres pour agréer et superviser les essais cliniques.

Avant et même après l'agrément et la commercialisation des médicaments, des essais cliniques, c'est-à-dire une forme d'expérimentation humaine, s'imposent. Ces essais s'écartent forcément de la médecine basée sur les faits — médecine factuelle ou *evidence based medecine* —, c'est-à-dire la plus appropriée chez un patient donné en un lieu et à un moment précis mais ils servent à son élaboration. Ils sont un moteur important du progrès thérapeutique.

Il convient donc d'effectuer des essais contrôlés contre placebo en double aveugle et en nombre statistiquement significatif pour tester valablement des hypothèses diagnostiques et thérapeutiques. Ces essais doivent permettre de juger l'efficacité des nouveaux produits en termes de mortalité, de morbidité et souvent de qualité de vie en établissant la probabilité de succès et le risque d'effets secondaires. Une fois effectués, ils permettent d'adapter la médecine factuelle dont le but est d'arriver à une utilisation systématique et judicieuse des données actuelles de la science dans les décisions visant les soins aux malades.

Dans le cadre de la médecine factuelle aussi appelée *evidence based medecine*, les sociétés scientifiques ou professionnelles ont au niveau mondial, continental ou national réuni des groupes d'experts indépendants pour établir des recommandations applicables à certaines situations cliniques, ce sont les *guide lines* établis lors de conférences de consensus. Ces recommandations doivent aider le médecin dans ses choix et ses décisions mais elles ne peuvent rencontrer à elles seules les nombreuses situations cliniques différentes auxquelles le clinicien doit faire face en ajoutant de l'expérience, de l'intuition et du sens clinique.

Tout traitement doit faire la preuve de son efficacité par rapport à un placebo ou à un traitement de référence. La qualité méthodologique des études conditionne la force de conviction des conclusions que l'on peut en déduire.

Il existe plusieurs moyens d'exprimer les résultats d'efficacité d'un traitement. Les deux approches consistent à considérer les réductions relatives ou absolues du risque sous traitement. Les conclusions déduites de ces deux méthodes d'analyse apparaissent parfois contradictoires, notamment d'un point de vue pharmaco-économique. Ainsi, la rentabilité du traitement peut sembler importante lorsque les résultats sont exprimés en réduction relative du risque parce que le traitement s'avère intrinsèquement très efficace alors qu'elle peut être assez faible lorsque les résultats sont exprimés en réduction absolue parce que le risque de base est faible et que le nombre d'événements évités s'en trouve très limité. Comme cela a bien été montré dans le cas des hypo-lipidémiants et des anti-hypertenseurs, l'impact de la présentation des résultats des grandes études contrôlées peut être très différent auprès des médecins selon qu'elle est faite en privilégiant la réduction relative ou absolue du risque. Tous les travaux montrent une propension nettement supérieure à la prescription dans le premier cas. Il n'est dès lors pas étonnant que la publicité des firmes pharmaceutiques tende à privilégier ce mode d'expression. Ainsi, de façon caricaturale, si un traitement réduit le nombre de décès de 2 à 1 pour 1.000 sujets suivis pendant un an, la réduction relative du risque sera de 50 % mais la réduction absolue du risque sera de un événement par 1.000 sujets par an. Cela montre à quel point la réduction relative du risque a tendance à surestimer l'impact du traitement lorsque les événements sont rares. C'est pourquoi le nombre de sujets à traiter (NST) pour éviter un événement est devenu l'un des moyens les plus performants et les plus appréciés pour exprimer le bénéfice d'un traitement ou d'une intervention. Cela implique que la comparaison des nombres de sujets à traiter dans une pathologie donnée n'a de sens que si les risques de base sont comparables entre les différentes études, ce qui est rarement le cas et *a priori* difficile à affirmer. Le recours aux NST a l'avantage de décrire précisément la rentabilité d'une intervention ou d'un traitement de façon à pouvoir mieux les cibler sur les groupes avec le risque le plus élevé où ils auront le rendement le meilleur. Ainsi, dans certaines études, le NST peut varier de presqu'un facteur dix en fonction non seulement du type de traitement mais surtout du risque absolu de départ (Extraits de A.J. Scheen *et al.*, *De la médecine factuelle aux recommandations thérapeutiques. Revue Médicale de Liège*, vol. 55, n° 4, p. 201-216, 2000).

Cela montre à quel point il conviendrait de privilégier le recours à des critères d'évaluation à la fois simples et relativement objectifs. Malheureusement, les publications sponsorisées par les firmes pharmaceutiques et *a fortiori* les publicités privilégient systématiquement les présentations commercialement les plus favorables. Il en va hélas de même pour de nombreuses publications dont les auteurs présentent les résultats sous un jour exagérément favorable afin de se mettre en valeur et d'assurer leur carrière ; trop de patients font les frais de ces vanités scientifiques.

Après quelques affaires retentissantes, comme celles de la thalidomide, du stanilon ou de l'interféron, les essais thérapeutiques ont été soumis à des règles de plus en plus précises : Nuremberg (47), Helsinki (48), Tokyo (75), mais les rapports de force entre l'industrie, la recherche et le monde médico-hospitalier ainsi que l'absence de contrôle scientifique et juridique indépendant rendent les règles inefficaces[43,44].

Sans cesse dépassée malgré ses nombreux amendements, la déclaration d'Helsinki mérite une lecture très attentive. Son texte est en annexe de l'ouvrage.

Aujourd'hui, pour conduire plus vite, plus facilement et à moindre coût leurs essais cliniques, les industriels du médicament tendent à délocaliser leurs « recherches » vers les pays en voie de développement. Cette situation devrait conduire à un affinement de la Déclaration d'Helsinki. Pour le lecteur que cela intéresse, le *New England Journal of Medecine*, vol. 345, n° 2, 7/2001, a développé cette problématique dans les éditoriaux de M. Marmot «Inequalities in Health», de G. Koski and S.L. Nightingale, «Research Involving Human Subjects in Developing Countries» et de H.T. Shapiro and E.M. Meslin, «Ethical Issues in the Design and Conduct of Clinical Trials in Developing Countries».

Les comités d'éthique locaux — CEL — rassemblent des médecins, paramédicaux, juristes, psychologues et philosophes dans le but de réfléchir à certains aspects de la pratique médicale, ce qu'ils font peu, et de procéder à l'évaluation des protocoles de recherche sur l'homme, ce qu'ils font beaucoup. Ces comités sont soumis à des règles juridiques et déontologiques imposées ainsi qu'à des règles de fonctionnement propres. L'ensemble en est si flou et si peu contraignant qu'il laisse les coudées franches à l'industrie pharmaceutique qui bénéficie grâce à ces contrats de garanties morales et scientifiques propres à rassurer le grand public[16].

Le code de déontologie, qui n'a pas force de loi, impose la consultation préalable des comités d'éthique pour la mise en œuvre de protocoles d'expérimentation sur l'homme. Les firmes pharmaceutiques promotrices des protocoles les font rédiger par leurs spécialistes, ils sont à prendre ou à laisser et ne sont que des contrats d'adhésion soumis par l'industrie à l'expérimentateur pour accord. Les comités d'éthique devraient pouvoir refuser ou faire modifier les protocoles mais les essais cliniques constituent une source de financement pour les hôpitaux; les demandeurs étant libres de s'adresser au comité de leur choix, les comités scrupuleux se voient retirer puis ne se voient plus soumettre aucun protocole.

Les comités d'éthique n'ont pas de moyens de fonctionnement; ils doivent donc les demander à leurs commanditaires alors que les essais sont rentables à plusieurs niveaux et pour divers intervenants. Les patients ne sont pratiquement jamais indemnisés, tout au plus reçoivent-ils le médicament mais il arrive qu'ils doivent se le procurer lors de recherches accessoires sur des médicaments déjà commercialisés et même remboursés, ce qui est tout bénéfice pour l'industrie au préjudice du patient et de sa mutuelle. Les examens de contrôle, biologiques, radiologiques et cliniques rapportent à l'hôpital et au médecin, au détriment de la sécurité sociale, car ils sont rarement facturés aux firmes, ces examens étant jugés *a priori* utiles à la santé du patient.

COMITES D'ETHIQUE MEDICALE-ISI : Suite aux demandes de l'ISI, le Conseil National de l'ordre des médecins a chargé sa «Commission d'agréation des comités d'éthique» d'étudier les problèmes qui se posent au niveau des comités d'éthique en matière fiscale.

La Commission expose le résultat de ses travaux au Conseil et lui propose des documents destinés aux Comités d'éthique et aux chercheurs. Ces documents sont approuvés par le Conseil.

Lettre adressée aux présidents des Comités d'éthique :

Dans le cadre de l'accord intervenu entre le Conseil national de l'Ordre des médecins et l'Inspection Spéciale des Impôts concernant la communication de renseignements relatifs aux expérimentations médicales sur l'être humain, le Conseil national a établi plusieurs documents à l'usage des chercheurs.

Ces documents, dont vous trouverez le modèle en annexe, comprennent :

1. une lettre destinée aux chercheurs;

2. un bordereau comportant trois feuillets dont un sera conservé par le chercheur qui enverra sans délai les deux autres au Conseil national de l'Ordre des médecins (un de ces deux feuillets devant être adressé à l'Inspection Spéciale des Impôts).

Le Conseil national mettra ces documents à la disposition des chercheurs le plus rapidement possible.

Lettre adressée aux chercheurs :

Toute recherche qui a trait à l'homme doit déontologiquement être présentée préalablement à un Comité d'éthique médicale et avoir son avis favorable.

L'investigateur a le choix du Comité d'éthique selon ses souhaits ou suivant les règles et le fonctionnement de l'institution dans laquelle il effectuera la recherche. S'il soumet l'avis à un second Comité d'éthique médicale, il doit informer ce second Comité des remarques et de l'avis du premier Comité.

L'investigateur doit fournir le protocole d'étude au Comité d'éthique ainsi que des documents qui lui seront remis par ce dernier. Ces documents comportent un bordereau à trois feuillets dont le chercheur en conservera un et enverra sans délai les deux autres au Conseil national de l'Ordre des médecins (un de ces deux feuillets devant être adressé à l'Inspection Spéciale des Impôts).

De plus :

a) Il est conseillé vivement d'établir, pour toute recherche financée, un contrat financier clair départageant les frais réels et justifiés de la recherche des rétributions et honoraires des médecins chercheurs.
Ce document financier ne doit pas être présenté au Comité d'éthique médicale.

Le manque de clarté des relations entre comités d'éthique et direction médicale génère des conflits que l'Ordre des Médecins éprouve, en Belgique, le plus grand mal à résoudre comme l'illustre un avis rendu lors de sa séance du 17 février 2001 : en raison des problèmes éthiques, juridiques et financiers que pose à l'égard des patients la non-déclaration à la direction d'essais conduits dans l'institution, la direction médicale d'un hôpital insiste auprès d'un comité d'éthique médicale afin qu'il lui fournisse la liste des protocoles dont le comité est saisi pour avis. Le président de ce comité d'éthique médicale qui, à plusieurs reprises, a refusé de donner suite à cette demande sur la base des dispositions légales en vigueur dans ce domaine, soumet le problème au Conseil national.

Avis du Conseil national :

Lors de sa séance du 17 février 2001, le Conseil national a examiné votre demande d'avis portant sur l'invitation formulée par la direction médicale d'une institution hospitalière à son comité d'éthique de n'accepter d'évaluer les protocoles d'expérimentation qu'après avoir acquis l'assurance d'une notification préalable à celle-ci.

Cette sollicitation succède au refus d'une demande antérieure visant à ce que le comité d'éthique fournisse lui-même l'information de tout essai projeté au sein de l'institution.

Le Conseil national est conscient des impératifs financiers, administratifs et juridiques qui motivent la direction médicale dans ses requêtes. Mais il tient d'abord à souligner qu'en élaborant la loi du 12 août 1994, et qu'en précisant l'incompatibilité entre la qualité de membre du comité d'éthique et les fonctions de directeur d'hôpital, de médecin chef, de président du conseil médical et de chef du département infirmier, le législateur a démontré sa volonté d'assurer au comité une indépendance totale lors de l'examen des dossiers qui lui étaient soumis, d'autant que ce comité à mission d'émettre un avis confidentiel communicable au seul requérant.

Le Conseil national estime donc qu'il n'appartient pas au dit comité d'informer la direction médicale quant à l'existence d'essais ou d'études au sein de l'institution pas plus que de conditionner leur examen à une notification préalable à cette Direction.

En son article 13, la Déclaration d'Helsinki dans sa version élaborée à Edimbourg en octobre 2000, réaffirme l'indépendance absolue dont le comité doit jouir.

En outre, cet article énonce que «l'investigateur doit lui communiquer les informations relatives au financement, aux promoteurs, à toute appartenance à une institution, aux éventuels conflits d'intérêt...».

En vertu de ce libellé, le comité d'éthique est susceptible de pouvoir interroger l'investigateur quant à ses relations avec l'hôpital et l'inviter à avertir ce dernier de l'entreprise d'une étude ou d'un essai.

Enfin, le directeur médical dispose en principe d'informations indicatives provenant de la pharmacie desservant l'institution. Il est également en droit de proposer d'inclure dans le règlement général une clause contraignante prévoyant la déclaration d'office de toute étude clinique par l'expérimentateur lui-même, tout en garantissant que cette information ne pourra être exigée du comité d'éthique dont l'indépendance devra rester totale.

Le *New England Journal of Medecine* (vol. 343, 2000) s'est récemment penché sur les conflits d'intérêt en recherches cliniques. Un survol récent de la littérature montre qu'aucun moyen de contrôle n'est vraiment efficace pour empêcher l'industrie d'influencer la recherche lorsqu'elle la finance. La seule garantie tient à l'intégrité morale des chercheurs et cliniciens qui ne peut être absolue. Pour assurer aux essais cliniques un maximum d'objectivité et réduire les risques de conflits d'intérêts, le mieux serait que les essais soient effectués dans plusieurs institutions sans lien entre elles et que les résultats de chaque étude soient communiqués à tous les chercheurs qui y participent ainsi qu'à un comité d'éthique neutre au niveau national ou européen. Plus il y a de groupes menant des essais identiques de manière séparée, plus il est difficile de les influencer, en tout cas sans que cela se remarque. Il est en effet illusoire d'exiger des cliniciens ou des institutions qu'ils déclarent leurs participations financières dans l'industrie pharmaceutique et, même dans ce cas, ils peuvent recourir à des prête-noms, un proche, une société, ce qui leur permet de ne pas mentir tout en ne disant pas la vérité.

Les comités d'éthique ne rendent un avis que sur le protocole, ils ne sont informés ni du suivi ni des résultats obtenus dans les centres qui ont effectué la même recherche; personne ne sait non plus si d'éventuels résultats négatifs ne sont pas ainsi ignorés.

L'examen des questionnaires d'une centaine de protocoles[46] révèle des situations inquiétantes : ainsi, il n'est jamais répondu à la question dix « et ou ? », à la question huit « les femmes en âge de procréer sont-elles sous contraceptifs ? », la pilule ne lui étant même pas offerte, on lit les réponses les plus ahurissantes : stérilet, crème spermicide, préservatif, partenaire vasectomisé !, soit rien qui mette la femme à l'abri d'une grossesse ni son éventuel enfant à l'abri des effets de la thérapeutique expérimentée. A la question treize, l'expérimentateur est seul à recueillir par écrit le consentement éclairé et à collationner les accords qui devraient être contrôlés et consignés par les comités d'éthique; une fois le protocole accepté, l'expérimentateur a donc toute licence — questionnaire en annexe.

Essais cliniques. Questionnaire-type

6. Des substances radio-actives seront-elles utilisées?   Oui O   Non O
Si oui, quelle est leur nature (*carbone, tritum,* etc.)?

7. S'il s'agit d'une substance nouvelle, l'expérimentateur a-t-il pris connaissance du dossier toxico-pharmacologique (Investigator's brochure)?   Oui O   Non O

8. Choix des sujets
Sujets sains   Oui O   Non O
S'il s'agit de malades, nature de l'affection

Nombre de sujets
Les femmes en âge de procréer seront-elles sous contraceptifs?   Oui O   Non O

9. Lieu où l'étude sera réalisée
a) en ambulatoire   Oui O   Non O
b) en polyclinique   Oui O   Non O
c) en hôpital de jour   Oui O   Non O
d) en chambre   Oui O   Non O
e) en salle d'opération ou de réanimation
   Oui O   Non O
f) une hospitalisation est-elle réalisée spécialement pour l'étude?
   Oui O   Non O
Si Oui, durée par patient

g) Lors d'une étude en ambulatoire, combien de temps après la prise du médicament le sujet retournera-t-il à son domicile?
par ses propres moyens   O
avec l'aide d'un tiers   O

10. Une expérimentation analogue a-t-elle déjà été entreprise ailleurs?   Oui O   Non O
et où ?

11. a) L'expérimentation a-t-elle un but diagnostique ou thérapeutique immédiatement profitable au sujet?   Oui O   Non O

b) L'expérimentation se situe-t-elle dans un cadre diagnostique dont on peut espérer que les résultats seront rapidement utilisables pour d'autres malades?   Oui O   Non O

c) L'expérimentation fait-elle partie d'un ensemble de recherches dont l'incidence diagnostique ou thérapeutique n'apparaît pas immédiatement mais dont les résultats aboutiront à une application diagnostique ou thérapeutique ultérieure ou à une meilleure connaissance des phénomènes physiopathologiques?   Oui O   Non O

12. S'il s'agit de sujets sains, leur consentement devra être obtenu par écrit après avoir reçu une information écrite détaillant les objectifs, les modalités et les risques potentiels de l'expérimentation. Ces conditions seront-elles respectées? Oui O Non O

13. a) S'il s'agit de malades, ils recevront l'information sous forme
Orale O   Ecrite O

b) Leur consentement éclairé sera obtenu sous forme
Orale O   Ecrite O

c) En cas d'incapacité momentanée (coma, etc.), préciser les modalités ultérieures d'information et de consentement   Sans objet O

d) En cas d'incapacité permanente (démence, etc.), qui sera informé et fournira le consentement?
Un proche   O
Le médecin généraliste   O
Le responsable légal   O
Une autre personne   O *(préciser)*

e) S'il s'agit de mineurs en âge de discernement, leur consentement éclairé sera-t-il sollicité?
Oui O   Non O   Sans objet O

14. Les sujets seront-ils indemnisés *(uniquement pour les volontaires sains)*?
Oui O   Non O

15. Si des analyses et examens supplémentaires sont rendus nécessaires par l'étude, qui les prend en charge?
Le sponsor O   Sans objet O

16. Les dommages éventuels occasionnés par l'étude sont-ils couverts par une assurance de la firme?   Oui O   Non O
Possédez-vous une copie du contrat?
Oui O   Non O

Je déclare assumer l'entière responsabilité de l'expérimentation dont le projet est décrit ci-dessus et certifie que les renseignements fournis correspondent à la réalité compte tenu des connaissances actuelles.

Malgré les règles de confidentialité et de déontologie, l'examen des dossiers montre que certaines firmes demandent à connaître l'identité des patients sous le prétexte que de faux patients seraient introduits dans les études pour en accélérer le déroulement, ce qui donne la mesure de la confiance de l'industrie pharmaceutique envers ses collaborateurs occasionnels. Si elles le veulent vraiment, les firmes parviennent à leurs fins par le truchement de leurs médecins régulièrement inscrits à l'Ordre et qui ont ainsi accès aux dossiers médicaux.

Enfin, dans une étude de cas, ce sont les mêmes médecins, moins de 1 0 % de l'équipe hospitalière, qui acceptent des essais cliniques; ils sont souvent membres du Comité médico-pharmaceutique et du Comité d'éthique où l'on retrouve parfois, contrairement aux recommandations de l'Ordre et du législateur, des membres de la direction médicale.

Alors que le financement des essais cliniques approuvés par les comités d'éthique locaux et les ordres médicaux devrait être des plus transparents pour qu'aucun doute ne subsiste sur la compétence et l'intégrité des «chercheurs», le contraire se passe tandis que les sommes brassées par le secteur sont de plus en plus importantes.

Ainsi, une firme s'apprête à dépenser en Belgique pour 2001 en essais cliniques 2 et 3 une somme de 18.300.000 euros intéressant 3.500 investigateurs et concernant 20.000 patients (Communiqué ASTRA ZENECA, Pharma, 14/6/2001). Cela nous donne 5,7 patients — soit une forte fragmentation des essais — par investigateur, un honoraire de plus ou moins 915 Euros par patient entré dans l'étude, donc plus ou moins 5.250 Euros par investigateur qui dichotomise sans doute avec l'hôpital. Rien n'empêche un investigateur, surtout en milieu universitaire où les assistants sont nombreux, de participer simultanément à plusieurs essais. Rien ne l'oblige non plus à en déclarer les revenus.

Les sommes ainsi dépensées en un an par une seule multinationale dans un pays d'Europe de 10 millions d'habitants donnent une idée des montants sans doute consacrés pour ce type de recherche à l'échelle de l'Union européenne. Ces centaines de millions d'euros annuellement dépensés devraient l'être de manière plus rigoureusement contrôlée sur le plan de la méthodologie, de la qualité des protocoles, de la compétence scientifique et de la moralité des investigateurs. Ce serait tout bénéfice pour la qualité des médicaments et des soins donnés aux patients.

On peut s'étonner de ce que les Etats et l'Union européenne qui contribuent par leurs services publics au remboursement du prix de ces médicaments ne contrôlent pas mieux la qualité et le financement des essais cliniques pour prévenir toute dérive et avoir à tout le moins la quasi certitude que les médicaments, matériaux et prothèses mis sur le marché soient au minimum efficaces et si possible peu dangereux.

Afin d'améliorer la qualité des essais cliniques et la sécurité des patients, les comités d'éthique devraient être regroupés par réseaux hospitaliers ou par régions, composés de membres rétribués par le Ministère de la Santé et formés à la recherche, afin de pouvoir contrôler les protocoles, de leur préparation jusqu'au terme de leur réalisation et avoir ainsi une vue panoramique des résultats d'essais disséminés sur l'ensemble de l'Union Européenne et dans le monde. Enfin, chaque protocole devrait faire l'objet d'un devis pour financer le projet et assurer la transparence des frais et rémunérations, du patient cobaye jusqu'à l'institution hospitalière en passant par les expérimentateurs[47].

7. LES MULTINATIONALES DE L'INDUSTRIE DE LA SANTÉ VUES PAR LE PATIENT OU L'INVESTISSEUR

L'étude comparée d'articles portant sur les mêmes produits et destinés soit aux investisseurs soit au grand public est révélatrice et confondante surtout quand les pouvoirs publics tentent de mieux contrôler les procédures d'agrément des médicaments, d'en limiter le remboursement et d'en fixer les prix.

S'il est vrai que l'industrie investit en recherche mais moins qu'en marketing, l'essentiel de la recherche reste financé par le public. Les patients paient de leur personne dans les essais cliniques en phases 2 et 3. Les hôpitaux et ceux qui y travaillent participent parfois sans le savoir à ces essais. Les chercheurs universitaires, tous secteurs confondus, surtout en sciences fondamentales, publient les fruits de leurs travaux sans déposer de brevets et sans autre rémunération que celle octroyée par l'enseignement supérieur et la recherche scientifique.

L'industrie pharmaceutique dépense autant sinon plus pour déposer des brevets et en assurer la protection que pour financer la recherche. En caricaturant, si Archimède avait pu faire breveter et protéger la mesure de la densité, Newton la gravité et Mendel l'hérédité, la science n'aurait pu progresser par manque de ressources financières pour l'achat des brevets ou par les atermoiements liés à leurs délais d'entrée dans le domaine public.

Plus dramatique, la découverte des forceps et de leur bon usage gardée secrète par une famille d'accoucheurs pendant plusieurs générations a causé bien des malheurs. Cette histoire est une belle synthèse des déviances suscitées par la volonté de rentabiliser à tout prix les découvertes et leurs applications bien avant que n'existent brevets et droits d'auteurs. *Nil novi sub sole.*

D'innombrables instruments ont été créés pour faciliter l'accouchement en cas de complication du travail due à une mauvaise position ou à la taille excessive du fœtus, au rétrécissement du bassin maternel, ou aux contractions utérines inefficaces.

Le forceps obstétrical destiné à l'accouchement de l'enfant vivant est probablement connu depuis le IIe ou IIIe siècle ; il est clairement indiqué dans une scène d'accouchement estimée appartenir à cette époque, qui figure sur un bas-relief de marbre récemment trouvé près de Rome. Cependant, ignoré ou oublié, le forceps tomba en désuétude pour n'être remis en service qu'à l'avènement de la pittoresque famille Chamberlen vers la fin du XVIe siècle. Depuis lors, selon les mots d'Alfred H. McClintock, «ce noble instrument a fait plus pour abréger la souffrance et sauver les vies humaines que n'importe quel autre appareil chirurgical dans tous les genres».

En 1569, Wiliam Chamberlen s'enfuit de Paris à Southampton avec sa famille huguenote pour échapper aux persécutions religieuses de Catherine de Médicis. Deux fils de Chamberlen, nommés Peter l'Aîné et Peter le Jeune, devinrent barbiers-chirurgiens : le premier inventa et façonna de ses propres mains l'instrument grossier à partir duquel ont évolué les nombreux modèles du forceps obstétrical moderne.

Consistant simplement en deux morceaux de fer incurvés en forme de cuillères et joints par un pivot, cette invention resta un secret familial soigneusement conservé pendant près de cent ans, passant d'un Chamberlen à l'autre au cours de trois générations. Dans un coffret massif doré transporté par voiture spéciale, ils arrivaient chez leurs patientes avec leur précieux instrument. Les parturientes avaient les yeux bandés de peur que le secret du forceps ne fut découvert.

Ayant acquis une grande renommée comme chirurgien-accoucheur, Peter l'Aîné fut convoqué pour assister la Reine Anne et Marie-Henriette, femme de Charles 1er. Un troisième Peter Chamberlen, fils de Peter le Jeune, obtint un diplôme médical et se fit connaître par la suite sous le nom de Dr Peter. Après avoir établi sa réputation d'accoucheur, le Dr Peter essaya d'organiser les sages-femmes de Londres en corporation. Il leur donnerait enseignement et licence, proposait-il, et en retour recevrait une redevance pour chaque accouchement accompli par ses élèves. Il fallut l'intercession de l'Archevêque de Canterbury pour permettre l'émancipation des sages-femmes de leur soi-disant bienfaiteur.

Hugh Chamberlen, fils aîné du Dr Peter, fut le premier à offrir ouvertement de vendre le secret de famille. Au cours d'une visite à Paris, il se vanta de posséder un appareil au moyen duquel il pouvait accoucher une femme en moins de huit minutes, et proposait de le vendre au gouvernement français. L'illustre François Mauriceau fut convoqué pour estimer la prétention de Chamberlen. Mauriceau venait de voir en consultation une naine rachitique dont le bassin était si rétréci que même après plusieurs jours de travail, l'accouchement paraissait impossible. Hugh Chamberlen fut invité à accoucher l'infortunée patiente. Sans succès au bout de trois heures de lutte violente, Chamberlen émergea épuisé de la pièce dans laquelle il s'était enfermé avec la naine qui mourut le lendemain, sans avoir été accouchée, avec rupture de l'utérus. L'invention de Chamberlen resta invendue.

Hugh Chamberlen vendit plus tard à Amsterdam un instrument secret, à Rodier Van Roonhuyze, obstétricien hollandais qui chercha alors à faire une obligation légale de l'achat d'un forceps par tout praticien. Un dessin de l'instrument, qui se révéla être un levier courbe, fut cédé par l'assistant de Roonhuyze au chirurgien anatomiste belge Jean Palfyn (1650-1730). Ce dernier y ajouta sans tarder un second levier pour saisir la tête fœtale et dénomma le nouvel instrument le *tire-tête*. Palfyn exposa ce forceps, plus tard connu comme *les mains de fer* à une réunion de l'*Académie Française Royale des Sciences* en 1721.

Le dessin du forceps obstétrical fut d'abord rendu public en 1733 dans un livre d'Edmund Chapman. Depuis lors, l'instrument a été modifié et redessiné probablement plus de fois que tout autre appareil chirurgical, à mesure que la connaissance de l'architecture du bassin et du mécanisme du travail se développait. Des centaines de modèles ont été créés, identifiés chacun par le nom de son inventeur. Il se passe rarement une année sans une addition à notre arsenal de forceps.

Depuis longtemps, tout espoir de retrouver l'instrument original de Chamberlen, qui n'avait jamais été montré en public, était abandonné, lorsque, en 1813, un occupant de l'ancienne maison du Dr Peter Chamberlen, tomba sur une trappe en fouillant dans le grenier. Entre les planches du plancher et du plafond se trouvait une boîte contenant une quantité d'objets divers, parmi lesquels des lettres, éventails, colifichets, une Bible de 1695, plusieurs paires de forceps obstétricaux, dont probablement l'original des Chamberlen. Ainsi fut mis à jour pour la première fois le secret de famille.

Au milieu du XIXe siècle, selon les statistiques réunies en Europe, le forceps obstétrical n'était utilisé que dans un cas sur 167, étant réservé pour les accouchements difficiles ou compliqués. Dans les cent années suivantes, le rôle de l'instrument a subi un grand changement dans la pratique de l'obstétrique. Aujourd'hui d'un usage courant, le forceps sert à beaucoup d'obstétriciens de façon journalière ou *prophylactique* pour l'accouchement de premiers nés aussi bien que pour les accouchements de multipares, si la naissance ne s'accomplit pas facilement.

Extrait de «Histoire Illustre de la Gynécologie et de l'Obstétrique», Harold Speert, Ed. Roger Dacosta, Paris, p. 270-273.

Les découvertes historiques sont toujours l'aboutissement d'une série de progrès moins spectaculaires et l'histoire des sciences montre que nulle percée fondamentale ne s'est faite sans une longue maturation; il est inacceptable que quelques-uns s'accaparent les mérites et surtout les droits sur les applications que les grandes découvertes génèrent.

L'appât du gain a toujours été et restera un moteur du progrès. Qu'il le soit en des domaines non essentiels pour la survie de la planète et de notre espèce peut se comprendre. C'est indéfendable quand il s'agit de la protection et de la sauvegarde de l'environnement et de la santé où le secteur public devrait conserver un droit de regard sur les recherches et leurs applications en veillant à ce qu'elles soient partout et toujours accessibles à tous. Ce n'est pas l'objectif des géants de l'industrie pharmaco-biogénétique dont le souci est d'avoir des *pipelines* gorgés de *blockbusters* qui permettront un meilleur contrôle des marchés, une main-mise sur la concurrence et des prises de participation dans les secteurs émergents où seront captées les idées nouvelles.

Ces mêmes géants font aujourd'hui effectuer leurs recherches en sous-traitance dans des universités financées par le public pour ne gérer ensuite que les bénéfices des développements et de la commercialisation. Beaucoup de *spin off* ne servent qu'à cueillir les fruits des efforts du secteur public au profit du secteur privé. Certains bons esprits appellent interface cette forme contemporaine de piratage intellectuel.

C'est peut-être aussi l'occasion de jeter ici un œil curieux sur l'industrie pharmaceutique et la biotechnologie en pleine phase de croissance.

Industries pharmaceutiques et biotechnologies doivent être fort heureuses de l'élection du président Bush. En effet, la politique de son prédécesseur et celle annoncée par le candidat démocrate Al Gore les inquiétaient au plus haut degré. Ils se prononçaient en effet en faveur d'un plus grand contrôle des pouvoirs publics sur le prix des médicaments avec un prix plafond pour certains d'entre eux. Selon ces industriels, les effets d'un tel contrôle des prix sur le chiffre d'affaires et les marges des entreprises pharmaceutiques sont difficiles à évaluer mais équivaudraient à une nouvelle gifle pour le secteur. Le premier écueil a été évité de justesse puisque le président Bush est sinon élu du moins en place, le deuxième écueil est lui inévitable, il s'agit du nombre accru d'expirations de brevets. Entre 90 et 99, les médicaments américains tombés dans le domaine public et copiés par les fabricants de médicaments génériques ont représenté 17 milliards de dollars. Au cours de la période 2000-2005, ce montant va grimper à 43 milliards de dollars. Cela signifie que dans un délai de cinq ans, près de 40 % de l'actuelle valorisation américaine va s'envoler en fumée et que, pour conserver des rythmes de croissance historiques identiques, il faudra commercialiser bon nombre de nouveaux médicaments. Fort heureusement et cela ressort de toutes les études financières, les rachats et fusions dans les secteurs pharmaceutiques et biotechnologiques mettront en contact les capitaux apportés en quantité presque illimitée par le secteur pharmaceutique et les *blockbusters* virtuels du secteur biotechnologique. La progression des maladies médiatiques comme le sida et le cancer ainsi que le vieillissement prévu de la population du globe utile devraient attirer et retenir tous les investisseurs pour des dizaines d'années encore.

L'observation du secteur médico-pharmaceutique selon que l'on est investisseur ou patient me fait penser à un bel étal de boucher que contempleraient côte à côte un gourmet avisé et un bovidé égaré, si ce n'est qu'ici le chaland peut être à la fois ou à tour de rôle gourmet et bovidé. Vision surréaliste d'une société anthropophage.

L'un des facteurs les plus importants de l'essor biotechnologique est le nombre de médicaments en phase 3. Outre-Atlantique, l'espérance de vie moyenne est aujourd'hui de 76 ans ; actuellement, les Etats-Unis consacrent 14 % de leur produit intérieur brut aux soins de santé et ce poste devrait continuer à s'alourdir à mesure que la population vieillit.

Autre facteur encourageant pour l'industrie : la limitation ou l'assouplissement des obstacles réglementaires. Ainsi, la FDA a introduit un *fast track*, une voie rapide pour les maladies graves, en fait pour les maladies qui font peur et qui mobilisent les occidentaux, la maladie la plus meurtrière, la malaria, n'intéressant manifestement par l'industrie du médicament.

Lorsqu'elles ont mis au point et commercialisé un *blockbuster*, les industries du médicament, pour en accroître encore la rentabilité, s'échinent à lui rechercher des applications supplémentaires. Ainsi, le bupropion ou amfébutamone est une substance enregistrée comme antidépresseur depuis 1985 et qui vient d'être relancée sur le marché en septembre 2000 pour faciliter l'arrêt du tabagisme. Si son efficacité nouvelle sur ce plan ne paraît pas spectaculaire, les effets secondaires indésirables sont, eux, ce qu'ils étaient déjà en 1985. Le produit et le réseau de commercialisation étant là, c'est du bénéfice net et facile expliquant pour la plupart des producteurs des perspectives annuelles de croissance des bénéfices de 25 à 30 % en biotechnologie et de 15 % en pharmacie. Si la biotechnologie est plus rentable, elle est aussi à risque mais ses besoins financiers sont satisfaits par l'association avec le secteur pharmaceutique.

A plus long terme, l'avenir est évidemment aux médicaments sur mesure dérivés de la génomique, d'où la guerre récente entre le public et le privé à propos du décryptage du génome humain et le sursaut salutaire des états s'opposant au monopole des sociétés qui créent des banques de données sur les gènes humains et commercialisent ces informations, certaines ayant acheté les droits d'études et d'exploitation du génome des populations confinées comme l'Islande, certaines îles du Pacifique et plus récemment la Lituanie.

L'industrie du médicament reconnaît elle-même que des études montrent que 20 à 50 % des prescriptions sont aujourd'hui soit peu efficaces soit sans effet sur le patient. Une nouvelle ère est donc en train de s'ouvrir, celle du médicament sur mesure. Sans doute produira-t-on moins de médicaments mais ils seront plus efficaces, adaptés au profil génétique du patient et bien entendu beaucoup plus coûteux.

Afin de rassurer l'investisseur qui ne connaît pas grand-chose dans le domaine de la maladie, de la médecine et des médicaments, les auteurs de ces études font remarquer que la biotechnologie est sans doute le secteur ou l'on utilise le jargon le plus incompréhensible du marché. Les investisseurs avancent dès lors le plus souvent à tâtons. C'est ce qui explique que les Américains parlent parfois de l'approche « KISS ME » — Embrasse-moi — qui tient en quelques mots : « Keep It Simple, Stupid and Meet Estimates » — simple, stupide et conforme aux attentes. Bref, vive la simplicité et puis de grâce que les résultats des tests soient à la hauteur, le reste est du ressort des dieux de la bourse. Faut-il en conclure que les dieux de la santé et du simple bonheur sont tenus à l'écart de cet olympe ?

La philosophie de cet immense empire peut se résumer dans quelques considérations émises à la faveur de la reprise d'un laboratoire belge aux performances scientifiques remarquables mais aux résultats commerciaux médiocres récemment racheté par un grand groupe américain : «... il est urgent que cet homme, brillant chercheur et éminent scientifique mais pas assez gestionnaire, cède la place à un manager international plus axé sur les coûts et les résultats... ». Ou, pour reprendre les propres termes du repreneur : « Nous devons rapidement passer d'une société de recherches à une société commerciale et mettre désormais l'accent sur la réduction des coûts et le développement des produits offrant une marge supérieure ».

FOCUS ON EQUITIES. Gros plan sur l'industrie pharmaceutique. Mai 2000. Extraits et commentaires et G. INVEST ACTIONS, *La biotechnologie en pleine croissance*, Février 2000. Extraits et commentaires.

8. LE MONDE POLITIQUE ET LA SANTÉ

L'hôpital est un important fournisseur d'emplois de toutes sortes dont le nombre dépend peu de la conjoncture économique. A ce titre, il intéresse tous les niveaux de pouvoir qui ont multiplié les institutions de soins et aggravé ainsi le déficit de la sécurité sociale.

En Belgique, certains niveaux de pouvoirs, notamment les provinces en ce qui concerne les dépistages et les intercommunales en ce qui concerne les hôpitaux, utilisent la santé pour justifier leur existence et récupérer l'argent de la collectivité via leurs institutions de soins et les multiples opérations financières, immobilières, de consultance, etc. qu'elles génèrent. Quand les institutions de soins atteignent des dimensions telles qu'elles ne sont plus contrôlables par les politiques via de trop petites intercommunales, il suffit de fusionner ces intercommunales en entités plus grandes pour reprendre le contrôle politicien de la situation. Les autres pays obéissent aux mêmes schémas.

Enfin, le mode actuel de financement des hôpitaux sur base du Résumé Clinique Minimum (RCM) et de rémunération des intervenants à la productivité rend difficile voire impossible l'exercice honnête de la pratique médicale. Il s'agit de décisions à caractère politique qui, indépendamment du paiement forfaitaire ou à l'acte des thérapeutes, contraignent à la surproduction d'actes et d'examens pour assurer la survie économique des dispensateurs et institutions de soins.

Il convient de simplifier le langage administratif et financier truffé de chiffres, de sigles et de symboles pour aider à comprendre la situation cornélienne où le politique a enfermé le monde médico-hospitalier au préjudice des patients.

Lorsque le gestionnaire d'un hôpital de 400 lits informe ses médecins que, pour telle année, ils ont réalisé 98 appendicectomies alors que la moyenne fédérale pour un hôpital comparable est de 161, 101 cures de varices contre une moyenne de 122, 3 chirurgies hépatiques contre une moyenne de 9, etc., et que ce « déficit d'activités » entraîne une perte de 49 millions pour l'année en cause, ils les mettent économiquement en demeure de combler ce déficit sous peine d'augmentation des prélèvements sur honoraires ou de fermeture de l'institution avec des centaines de pertes d'emplois à la clé[60].

Il n'y a devant ce dilemme aucune alternative raisonnable hors l'appendicectomie à toutes les douleurs de fosse iliaque droite, la chirurgie de toutes les varices vraies ou imaginaires, l'approche chirurgicale des métastases, les tentatives d'exérèse de toutes les tumeurs même les moins curables et, de façon générale, l'agressivité ou l'acharnement thérapeutique avec batterie d'examens itératifs inutiles.

Dans ce contexte contraignant, l'écrasante majorité des médecins donne au patient le seul éclairage qui convienne pour obtenir le consentement à toujours plus d'actes. La déontologie étant ce qu'elle est et les ordres professionnels impuissants, le politique est seul responsable de cette situation, il est aussi seul à pouvoir y remédier.

La chirurgie vasculaire au Centre Hospitalier X - CHX

Interventions en ICD 9

	Nb CHX	% CHX	% Nat	Rapport % CHX-Nat	Nb attendu
Amputation	18	0,36	0,44	0,83	22
Autres	3	0,06	0,69	0,09	34
Biopsie	2	0,04	0,10	0,42	5
Endartériectomies	34	0,69	0,84	0,82	41
Excisions de vaisseaux	2	0,04	0,33	0,12	16
Incisions de vaisseaux	11	0,22	0,26	0,84	13
Ligature et stripping	101	2,05	2,48	0,83	122
Occlusions chirurgicales de vaisseaux	3	0,06	0,16	0,39	8
Pontage ou shunt	43	0,87	1,28	0,68	63
Répartition de vaisseau	6	0,12	0,79	0.15	39
Résection de vaisseaux + anastomose			0,05		
Résection de vaisseaux + remplacement	17	0,34	0,30	1,17	15
Veines	1	0,02	0,07	0,30	3
TOTAL	241	4,89	7,77	0,63	383

Analyse par DRG

DRG	Libellé	Nb CHX	% cas CHX	Nb Nat	% cas Nat	Nb attendu
113	Amputation par pathologie du système circulatoire excepté d'un membre supérieur et d'un orteil	4	0,07	599	0,10	6
114	Amputation d'un membre supérieur ou d'un orteil pour pathologie du système circulatoire	5	0,10	494	0,09	5

115	Insertion d'un pacemaker avec infarctus, insuffisance cardiaque ou choc	4	0,07	199	0,03	2
2	Autres insertions d'un pacemaker	62	1,24	3.471	0,64	32
117	Révision d'un pacemaker cardiaque excepté remplacement de l'appareil	1	0,02	595	0,10	4
118	Remplacement à l'appareillage du pacemaker cardiaque	10	0,20	1420	0,26	13
119	Ligature de veine et stripping	97	1,94	16.408	2,99	149
120	Autres interventions chirurgicales au niveau du système curculatoire	4	0,07	1.151	0,21	11
478	Autres interventions cardio-vasculaires avec complications	30	0,61	5.402	0,99	49
479	Autres interventions cardio-vasculaires sans complications	10	0,20	6.332	1,16	59
548	Insertion ou révision d'un pacemaker avec complications majeures	13	0,26	641	0,12	6
	TOTAL	240	4,78	36.712	6,69	336

A noter que dans cette institution dépourvue de Centre de Chirurgie cardiaque, on prescrit et place deux fois plus de pacemakers que la moyenne nationale.

Impact financier

Libellé	Séjours manquants	Facture hors journée	Durée moyenne du séjour	Total facturé hors journée	Total prix de journée	TOTAUX
Ligature de veines et stripping	52	19.025	2,4	989.300	953.472	1.942.772
Autres interventions chirurgicales sur système curculatoire	7	41.505	14,4	290.535	770.112	1.060.647
Autres interventions vasculaires, avec cc	19	124.281	12,5	2.361.339	1.814.500	4.175.839
Autres interventions vasculaires, sans cc	49	99.480	6,6	4.874.520	2.470.776	7.345.296
TOTAL				6.008.860	8.515.694	14.524.554

L'hôpital CHX a ainsi «perdu» 127 séjours manquants pour un montant de 363.114 euros (14.524.554 BEF). Des suppléments de retenues sur les honoraires des médecins sont dès lors envisagés pour combler ce manque à gagner. Il saute aux yeux que ce mode de financement et l'usage qu'en font certains gestionnaires incitent à la criminalité en blouse blanche.

Le déficit d'interventions en hôpital de jour est également recensé et pénalisé sans réelle économie (cf. p. 47).

L'hôpital de jour est ouvert de 7 à 19 heures, fermé la nuit, les weekends et les jours fériés, permettant ainsi une activité maximale avec un personnel et une disponibilité minimales.

Libellé	Nbre de cas traités en ambulatoire au CHX	Nbre de cas traités en hospitalisation classique au CHX	Substitution CHX	Substitution Nationale	Nbre attendu en ambulatoire sur base des chiffres nationaux
« One day »					
REMP PMAKER OU ELEC INTRACAV PERMANENTE	2	34	5,6	5,5	2
SHUNT TYPE SCRIBNER HEMODIALYSE	1	6	14,3	7,6	1
LIG/FULGA OU RES ETAGEES + DE 3 VEINES	5	10	33,3	49,2	7
RESECTION ISOLEE DE LA CROSSE SAPHENE	0	1	0	23	0
RES CROSSE SAPHENE INT ET EXERESE TOT	1	52	1,9	30,5	16
RES CROSSE SAPHENE INT + LIG FULG/RES	0	10	0	21,6	2
RES CROSSE SAPHENE INT EX TOT 2 VEINES	0	6	0	30,2	2
TOTAL	9	119			30

Déficit de 30-9 = 21 cas dont le CHX sera pénalisé.
ICD 9 International Classification of Diseases 9th version.
DRG Diagnosis Related Groups.

Ces évaluations chiffrées permettent, en fait, de cibler des prestations dont le volume est inférieur à la moyenne de façon significative et d'appréhender ce que ces prestations, ramenées à la moyenne, auraient rapporté en terme d'honoraires, de forfaits, de journée d'entretien et permis d'éviter en terme de pénalisation RCM.

Il ne s'agit, en aucun cas, d'une évaluation de la qualité de la pratique médicale mais d'un échantillon d'analyse d'activité hospitalière par un médecin spécialiste en RCM dans un Centre Hospitalier Régional où sa rémunération horaire est plus de 10 fois supérieure à celle des médecins résidents.

L'aveu qu'il ne s'agit en aucun cas d'une évaluation de la qualité de la pratique médicale met en évidence le caractère déviant de l'usage des données RCM actuellement fait par les gestionnaires hospitaliers.

9. LA RÉCUPÉRATION DES REVENUS DES PERSONNES EN FIN DE VIE

Les personnes âgées sont dissuadées d'approcher leur fin avec tranquillité. Les plus valides sont incitées à s'équiper en électronique de surveillance qui les médicalise à domicile sans apaiser leurs angoisses[48,49]. La mort étant inéluctable, les interventions du VIM et des urgentistes qui répondent plus à une volonté médicale qu'à une demande de la population sont d'une efficacité relative et transforment les morts naturelles en agressions par massages cardiaques, perfusions et transferts en hôpital où les jours s'achèvent en Unité de Soins Intensifs (USI) au bout d'un tube et sans conscience. Actuellement, le pouvoir des intensivistes dans les hôpitaux est tel que chirurgiens et internistes renoncent à interférer dans les examens et traitements qu'ils imposent en USI. Cette hyperspécialisation fragmente à l'extrême les responsabilités, ce qui encourage peu aux soins palliatifs et à l'orthotanasie.

Les personnes hospitalisées avec ou sans réanimation suite au déclenchement de leur système d'alarme n'ont guère l'occasion de donner leur consentement éclairé à l'engrenage d'actes qui suit leur admission, d'autant que leurs éventuelles demandes d'explications, leurs refus, voire leurs oppositions physiques désespérées, sont considérés par le monde hospitalier et par leurs proches comme un signe de démence ou de sénilité. A moins de l'intervention exceptionnelle d'un membre de la famille ou du médecin traitant, ces patients n'échappent à aucune des possibilités d'investigations et de traitements[50,51,52].

Les SAMU et VIM qui se sont multipliés ces dix dernières années tandis qu'éclosait la spécialité d'urgentiste ne sont guère plus efficaces que n'étaient les numéros d'appel uniques des pompiers et ambulanciers.

La médicalisation à outrance des interventions est d'ailleurs loin de faire l'unanimité en Europe et aux Etats-Unis. Dans les pays à forte densité d'autoroutes et d'hôpitaux, les structures de l'aide médicale urgente sont surtout conçues pour permettre à quelques institutions de recruter sans son libre choix une clientèle rendue ensuite captive par le suivi imposé à la suite des soins urgents. L'intrusion de la concurrence entre hôpitaux dans ce secteur a des effets négatifs sur l'efficacité et la rapidité des interventions. Assainir cette situation serait pourtant facile : les médecins urgentistes intégrés dans le corps des pompiers et de la protection civile, indépendants des hôpitaux, disposant des véhicules d'interventions avec leur logistique et basés dans les casernes appropriées rendraient la prise en charge des urgences indépendante des rivalités hospitalières pour le plus grand bien de tous.

Le grand public est fasciné par l'urgence, les gyrophares, les hélicos et s'il est vrai qu'une vie n'a pas de prix, il faut bien évaluer le coût d'une politique excessivement sécuritaire de l'urgence. Les sommes dépensés à ce stade pour sauver une vie pourraient en sauver des dizaines d'autres si elles étaient investies en prévention des accidents de roulage, lutte contre les drogues et éducation à la santé.

Chapitre 3
Victimisation et reponsabilité médicale

La victimisation peut être individuelle ou globale. Dans tous les cas, elle reste difficile à évaluer et les chiffres obtenus ne reflètent que très imparfaitement la réalité[53].

1. VICTIMISATION INDIVIDUELLE PRIMAIRE ET SECONDAIRE ET RESPONSABILITÉ MÉDICALE

La victimisation peut être estimée sur base de chiffres légaux, apparents ou réels.

Les chiffres légaux reflètent les plaintes des patients ou des organismes, mutuelles, assurances qui aboutissent à une condamnation; ces chiffres sont bas dans la mesure où la charge de la preuve incombe à la victime, ce qui est très dissuasif.

Les chiffres apparents reflètent le nombre de plaintes enregistrées mais qui n'aboutissent pas soit parce qu'elles sont classées sans suite, soit parce qu'un compromis intervient avant l'engagement ou le terme de la procédure.

Les chiffres réels resteront toujours approximatifs; ils ne pourraient en effet être connus que par enquêtes de victimisation conduites auprès des patients par les mutuelles, les assurances ou la sécurité sociale. Ces chiffres sont les seuls qui permettraient de prendre la mesure du problème mais les conclusions risqueraient de bousculer bien des idées reçues et des intérêts à tous les niveaux.

En Belgique, les chiffres les plus récents et les plus précis résultent d'une enquête conduite auprès des hôpitaux par Mme A. Simoens-Desmet, conseiller général à la direction de la politique des soins de santé. La troisième partie de son enquête auprès des hôpitaux traitait du nombre de plaintes introduites. De 1995 à 1998 inclus, 510 plaintes en moyenne ont été introduites par an : 60 % de ces plaintes visaient les hôpitaux et 40 % des prestataires de soins. Bien que l'enquête ne couvre que 4 ans, il est frappant de constater que sur ce laps de temps relativement court, le nombre de plaintes à l'encontre des hôpitaux a augmenté de 74 %, ce qui voudrait dire que le nombre de plaintes aurait doublé en 5 ans. On observe la même tendance pour le nombre de plaintes visant des prestataires de soins. La moitié des plaintes introduites concerne environ 5 spécialités. Ce sont surtout les gynécologues et les anesthésistes qui sont concernés. Dans le cas des gynécologues et des gériatres, les plaintes visent essentiellement les prestataires de soins ; dans celui des anesthésistes et des chirurgiens, elles visent aussi l'hôpital.

Comme c'était le cas pour le nombre de plaintes, on observe que le nombre de procédures judiciaires a beaucoup augmenté ces dernières années. Seul un quart des plaintes débouche cependant sur une procédure judiciaire. Cette proportion est restée plus ou moins identique pour les quatre années examinées.

Enfin, on a examiné le nombre de cas dans lesquels une plainte donnait lieu à l'octroi réel d'un dédommagement avec ou sans procédure judiciaire. Environ 87 plaintes sur 501 ont débouché sur un dédommagement. L'évolution du nombre de dédommagements peut purement et simplement être attribuée à l'augmentation du nombre de plaintes. Nous constatons en effet que le rapport plaintes/dédommagements reste sur les 4 années examinées plus ou moins identique, à savoir environ 17 %[65].

Lorsqu'un patient ou un de ses proches veut engager la responsabilité d'un médecin ou d'un hôpital, il s'adresse habituellement, par l'intermédiaire d'un avocat, à une juridiction soit civile soit pénale ; au civil, la victime peut espérer des dommages et intérêts ; au pénal, dont le rôle est répressif, elle peut faire assimiler le médecin à l'auteur d'un délit et se constituer partie civile pour obtenir des dommages et intérêts[54].

Pour la victime, le résultat est fort semblable ; pour le médecin, la différence est grande sur le plan de sa dignité professionnelle et des risques de sanctions ordinales complémentaires qui n'apportent par ailleurs aucun surcroît de dédommagement à la victime.

Certes, la victime peut espérer obtenir réparation dans le cadre d'un règlement à l'amiable en s'adressant directement au médecin et à sa compagnie d'assurances, d'autant que cette manière d'agir ne ferme pas la voie judiciaire, mais cette amiable composition suppose de part et d'autre un minimum de confiance qui a généralement disparu.

Le droit de la responsabilité médicale est emprunté aux articles du code civil qui traitent des problèmes de responsabilité, articles 1382, 1383, 1384 et au droit des contrats, article 1147 dont les textes sont repris au glossaire.

Actuellement, au civil, la responsabilité médicale est d'ordre contractuel ; au pénal, elle repose sur les articles prévus pour sanctionner les atteintes à l'intégrité de la personne, c'est-à-dire les coups et blessures volontaires.

Sur ces bases, la faute en matière médicale, cause du dommage engageant la responsabilité du médecin, couvre un champ qui s'étend au-delà de l'imagination des juristes les plus inventifs. Outre la faute au sens propre, secondaire à des erreurs diagnostiques ou thérapeutiques qu'un médecin consciencieux et attentif, placé au même moment, dans les mêmes conditions, n'aurait sans doute pas commises sans parler de la faute ou de l'erreur grossière — état d'ivresse, erreur de latéralité, etc. — se sont ajoutées des fautes plus subtiles telles le défaut de consentement et la notion de perte d'une chance, préjudice invoqué du seul fait qu'une chance existait et qu'elle a été perdue, ce qui entraîne la justice dans le domaine spéculatif alors qu'elle ne devrait prendre en compte que ce qui est certain.

Cette évolution fait dériver le droit de la responsabilité médicale vers les sciences actuarielles. Mieux encore, certains conseils recherchent le défaut de consentement pour poursuivre sous le prétexte qu'une information incomplète du patient l'a empêché de choisir entre deux risques et qu'il a ainsi perdu une chance de faire le meilleur choix pour lui.

Hors les fautes évidentes qu'il est difficile de soustraire au domaine pénal, il conviendrait pour qu'une meilleure justice soit rendue en ce domaine, que soient créées des chambres spécialisées en matière de responsabilité médicale comme il en existe là où c'est possible en matière de droit de la construction ou du divorce. Cela donnerait aux tribunaux qui en ont la taille et les moyens, une approche plus objective et réaliste de la responsabilité médicale[66].

Au-delà de toutes ces considérations, le risque imprévisible existe : ainsi, les contaminations par le virus du sida, celui de l'hépatite C et les prions avant leur découverte ; ainsi, des effets à long terme, recensés par la pharmacovigilance, des médicaments et des prothèses nouvelles dont le bénéficiaire est aussi le cobaye obligé.

Comme il est difficile et parfois impossible de distinguer ce qui relève de la faute et du risque imprévisible, il devient urgent, dans l'intérêt du patient et des médecins qui ont absolument besoin pour bien travailler et faire progresser leur discipline de plus de sécurité, de voir adopter à charge de la collectivité la notion de responsabilité sans faute.

La problématique de la responsabilité médicale ne se limite pourtant pas à l'indemnisation des victimes. Notre défi est autant de prévenir que de réparer les accidents médicaux qui resteront toujours inévitables ; il s'agit d'un risque social qu'il convient donc d'assurer par un fonds d'indemnisation spécialisé, par l'intégration de la réparation des accidents médicaux au régime de la sécurité sociale ou tout autre système à mettre en place par le pouvoir politique[67,68].

Chacun doit savoir qu'aucun médecin, aucun paramédical exerçant pleinement sa profession ne terminera sa carrière sans faute ni erreur. D'excellents infirmiers et médecins sont parfois mis au ban d'infâmie par la justice et les médias pour des erreurs humaines comme il peut s'en commettre dans toutes les professions où les responsabilités directes sont lourdes et apparentes : chauffeurs, ingénieurs, architectes, pilotes. Quand les responsabilités deviennent trop lourdes, plus personne ne veut les assumer et la pénurie s'installe. Trop de dermatologues, de rhumatologues, de physiothérapeutes mais trop peu de généralistes, d'obstétriciens, de chirurgiens, d'anesthésistes-réanimateurs. La justice doit ménager, et les médias respecter ceux qui assument de lourdes responsabilités avec le stress, l'angoisse et les contraintes que cela représente. Sinon certaines catégories de médecins se feront rares comme se font déjà rares certaines catégories d'infirmières.

Et pourquoi ne pas évoquer la responsabilité de l'industrie pharmaceutique et du nouvel ordre économique ? Sur base de non-assistance à personne en danger, pourquoi un tribunal pénal international ne pourrait-il les poursuivre pour protection abusive de brevets ou arrêt de production et de recherches lorsque la rentabilité devient insuffisante ?

2. VICTIMISATION TERTIAIRE ET RESPONSABILITÉ DE LA SOCIÉTÉ

Si l'indemnisation des victimes secondaires, c'est-à-dire des proches qui souffrent des dommages infligés aux patients, est possible s'ils se portent partie civile, il n'en est habituellement rien pour les victimes tertiaires fort impersonnelles que sont les mutuelles, la sécurité sociale, les compagnies d'assurances et nous tous qui, par nos impôts, cotisations et primes, finançons un système de solidarité qui a jusqu'ici permis des soins de qualité accessibles à la plupart.

En Belgique, aussi longtemps que les déficits des mutuelles étaient comblés par l'Etat et que les mutuelles géraient des institutions de soins allant du dispensaire à l'hôpital général, elles étaient complices des dispensateurs de soins pour dépenser un maximum en bâtiments, matériel et personnel, les déficits réels ou supposés étant de toute manière épongés par la collectivité. Ce n'est plus le cas depuis qu'elles doivent rendre des comptes et prester les meilleurs services possibles avec un budget contrôlé.

Il serait raisonnable à l'avenir, pour restreindre cette victimisation tertiaire, que hors état de nécessité, la réalisation d'actes médico-chirurgicaux et techniques d'une certaine importance soit soumise à l'accord des médecins-conseils de mutuelles dont la fonction et l'autorité revalorisées impliqueraient, outre une formation complémentaire en épidémiologie et santé publique, une expérience professionnelle de qualité qui leur permettrait de s'opposer valablement à des actes diagnostiques et thérapeutiques inappropriés.

Dans les états où les soins de santé sont directement pris en charge par la sécurité sociale, la situation est comparable mais l'absence de mutuelles et dès lors de concurrence entre elles diminue la qualité de l'information et des services aux patients tout en incitant moins à la consommation.

Hors urgence, pour éviter de trop longs délais entre la proposition thérapeutique et sa réalisation, l'accord d'un médecin conseil ou inspecteur pourrait être donné *a posteriori*, la sanction des intervenants étant le non-remboursement des soins éventuellement jugés inutiles mais déjà prestés. Ce délai garantirait en outre un consentement plus réfléchi et mieux éclairé.

De plus en plus d'études en épidémiologie et santé publique prennent la mesure de l'utilisation marchande par certains acteurs de la santé des acquis de la science et de la médecine au détriment des intérêts bien compris des patients et de la société[55].

La mesure de cette victimisation globale est le mieux prise par la comparaison entre pays européens de la longévité en fonction du nombre de pontages coronariens, de stimulateurs cardiaques, de chirurgies programmées, de médicaments consommés et d'examens réalisés par an et par mille habitants. Les chiffres montrent que qualité et durée de vie sont aussi bonnes voire meilleures dans les pays les moins médicalisés de l'Union Européenne[56].

Sans pouvoir s'attarder aux causes, mutuelles et responsables gouvernementaux constatent depuis des années les différences significatives et médicalement injustifiées du nombre de thyroïdectomies totales, de gastroplasties, d'hystérectomies, d'amygdalectomies, de chirurgie vasculaire périphérique ou de mise en place de stimulateurs cardiaques par habitant entre régions et sous-régions du pays. Sur un si petit territoire, il est pourtant difficile d'évoquer des différences profondes de mode de vie, d'alimentation ou d'environnement qui puissent expliquer de telles différences de pathologie ; l'explication est ailleurs[56,57,69].

L'approche par le RCM permettra sans doute dès sa 2e édition prévue pour 2002 de commencer à comprendre ces différences. La 1re édition « RCM 1996 en images - Variation géographique de la pathologie dans les hôpitaux belges. Ministère des Affaires Sociales, de la Santé publique et de l'Environnement -Service traitement de l'information médicale » en donne une première approche.

En comparant les données individuelles aux données nationales, les hôpitaux ont la possibilité pour les différentes variables de se situer par rapport aux chiffres nationaux.

Les responsables politiques espèrent ainsi ramener les dépassements vers la moyenne tandis que **les responsables hospitaliers utilisent les données pour inciter les prestataires à augmenter les activités inférieures à cette moyenne** comme nous l'avons expliqué plus haut (§ 8).

Ces cartes nationales permettent de voir si la population de certaines zones géographiques est plus ou moins admise à l'hôpital que ne l'est la moyenne de la population belge et, pour certains cas, quels types d'examens et de traitements leur sont dispensés.

Les premières applications, pour des raisons de commodité, concernent certaines interventions chirurgicales qui ne sont pratiquées qu'une fois dans une vie : appendicectomie, hystérectomie, prostatectomie...

Ces cartes sont établies en tenant compte non du lieu de séjour hospitalier mais du lieu du domicile du patient; cet enregistrement RCM commence à éclairer la pratique médicale dans les différents établissements. Cette façon de procéder permet de calculer le nombre attendu de séjours pour chaque arrondissement administratif et de mettre en évidence les écarts par rapport à une norme ou SAR (*Standard Admission Ratio*) calculée. Donc, si le SAR est supérieur à 100, le nombre de séjours est plus élevé que prévu et inversement. La valeur du SAR donne la mesure des écarts. Six classes sont ainsi constituées, la classe 1 possédant la couleur la plus claire (SAR inférieur ou égal à 80) et la classe 6, la couleur la plus foncée (SAR supérieur à 120). Un intervalle de confiance est aussi calculé autour du SAR. La carte appendicectomie 1996 met en évidence le fait que, dans 15 arrondissements, on réalise bien plus d'appendicectomies que prévu, surtout chez les jeunes femmes fécondes, ce qui traduit des indications chirurgicales trop larges basées sur des diagnostics trop peu précis. Je renvoie le lecteur aux documents de référence pour l'analyse des hystérectomies et des prostatectomies notamment tout en attirant son attention sur les différences de tarifications entre les divers types d'interventions, ce qui peut expliquer certains choix.

96 VICTIMISATION ET SOINS DE SANTÉ

Carte V.1.b Prostatectomie radicale - RCM 1996

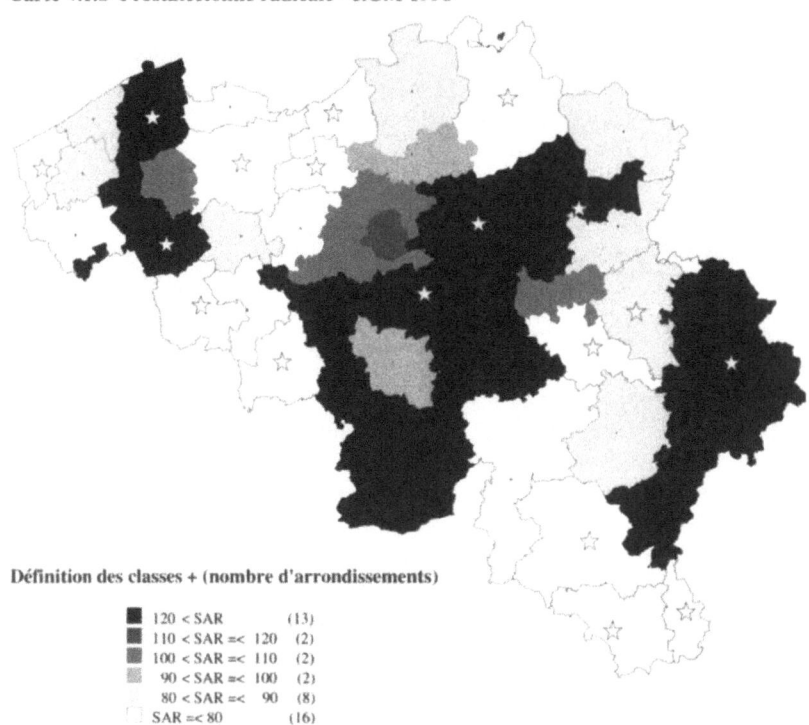

Définition des classes + (nombre d'arrondissements)

- 120 < SAR (13)
- 110 < SAR =< 120 (2)
- 100 < SAR =< 110 (2)
- 90 < SAR =< 100 (2)
- 80 < SAR =< 90 (8)
- SAR =< 80 (16)

Honoraire conventionné : 700 euros.

Carte V.1.a Prostatectomie transurétrale - RCM 1996

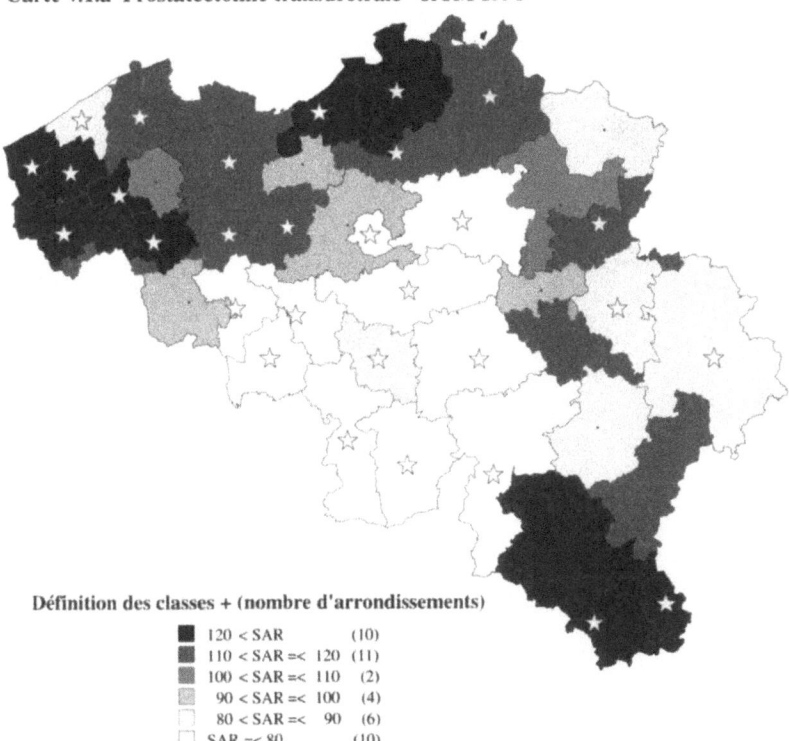

Définition des classes + (nombre d'arrondissements)

- ■ 120 < SAR (10)
- ■ 110 < SAR =< 120 (11)
- ■ 100 < SAR =< 110 (2)
- ▨ 90 < SAR =< 100 (4)
- ▢ 80 < SAR =< 90 (6)
- ▢ SAR =< 80 (10)

Honoraire conventionné : 320 euros.

Carte V.2.b Hystérectomie radicale - RCM 1996

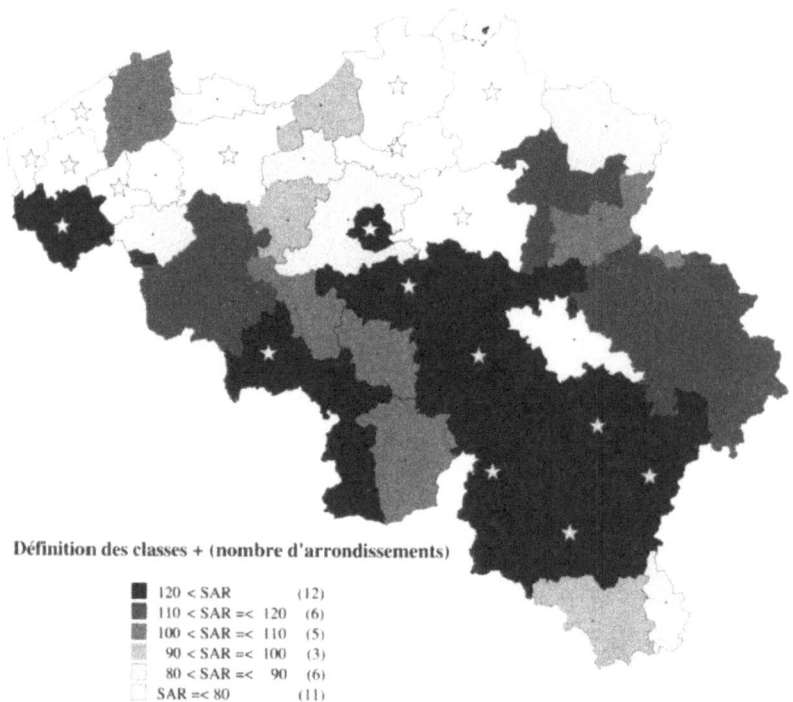

Définition des classes + (nombre d'arrondissements)

- ■ 120 < SAR (12)
- ■ 110 < SAR =< 120 (6)
- ■ 100 < SAR =< 110 (5)
- 90 < SAR =< 100 (3)
- 80 < SAR =< 90 (6)
- □ SAR =< 80 (11)

Honoraire conventionné : 700 euros.

Carte V.2.a Hystérectomie - RCM 1996

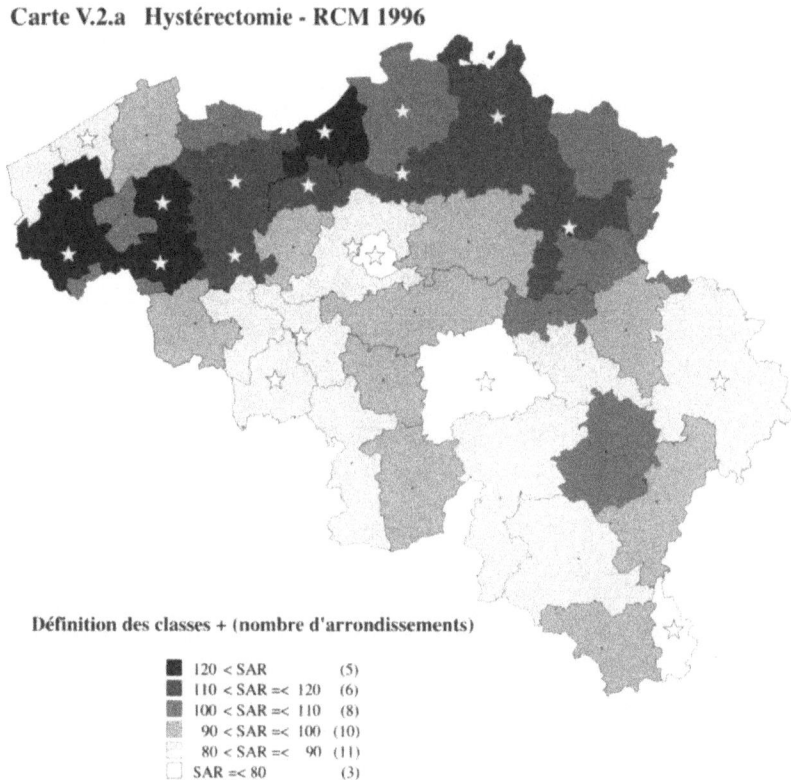

Définition des classes + (nombre d'arrondissements)

■ 120 < SAR (5)
■ 110 < SAR =< 120 (6)
■ 100 < SAR =< 110 (8)
▨ 90 < SAR =< 100 (10)
  80 < SAR =< 90 (11)
□ SAR =< 80 (3)

Honoraire conventionné : 310 euros.

Carte III.2 APR-DRG 225 "Appendectomy" - RCM 1996

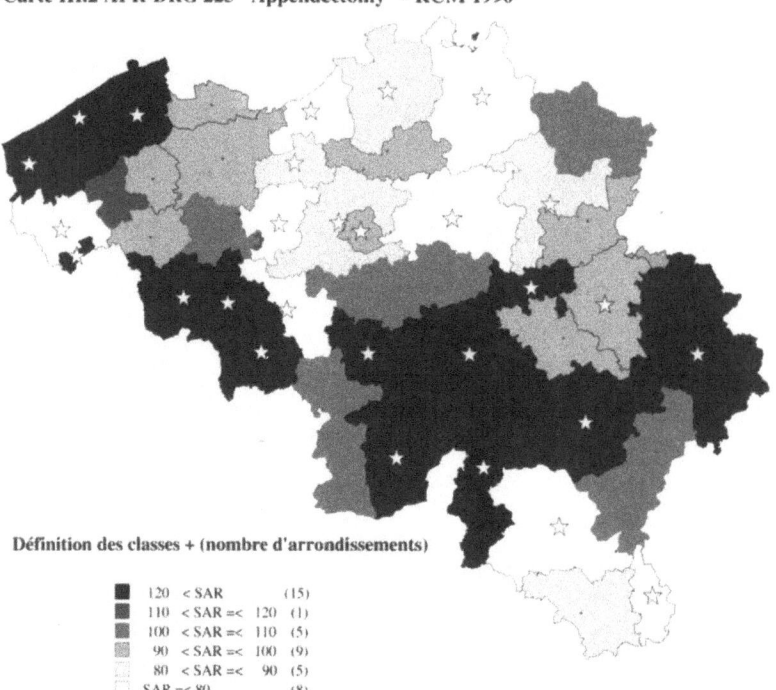

Définition des classes + (nombre d'arrondissements)

- ■ 120 < SAR (15)
- ■ 110 < SAR =< 120 (1)
- ■ 100 < SAR =< 110 (5)
- ▨ 90 < SAR =< 100 (9)
- ▫ 80 < SAR =< 90 (5)
- ▫ SAR =< 80 (8)

Chapitre 4
Comment prévenir la victimisation

1. AFFRANCHIR LES SOINS DE SANTÉ DE LA LOI DU MARCHÉ

Rétribuer les prestations à l'acte est un incitant à la surconsommation et à la déshumanisation des soins puisque seul le temps passé à agir sur le corps, indépendamment de la volonté du patient et du résultat obtenu, est rémunéré; le temps passé à écouter, à comprendre et à expliquer étant financièrement perdu[58,59]. Les responsables politiques et hospitaliers jurent depuis vingt ans par ce mode de rémunération comme si tous les médecins ne pratiquaient leur métier qu'en fonction de ce qu'il leur rapporte[8,60].

La forme la plus redoutable de rémunération à l'acte consiste en la mise en commun de tous les honoraires redistribués ensuite selon différents critères. Gestionnaires et organisations professionnelles défendent ce système où les deux partenaires gagnent au détriment de la sécurité sociale. En effet, chaque fois qu'un acte diagnostique ou thérapeutique est posé, les honoraires profitent au gestionnaire par le pourcentage de retenues fixes et à toute la communauté médicale de l'institution pour le reste; le revenu des médecins dépend alors étroitement non de la charge de travail ou des pathologies traitées, moins encore de la compétence, mais du nombre d'actes prestés.

Au niveau des institutions[37,61], il ne suffit pas de rétribuer les prestataires sur base de l'horaire, de la disponibilité et de la compétence mais il faut aussi que le gestionnaire n'ait aucun intérêt matériel dans le volume de l'activité et que tous les financements soient assurés par des forfaits établis sur base des types et quantités de pathologies traitées.

Les hôpitaux doivent s'organiser en réseaux, se partager les compétences et le matériel lourd. Enfin, tout doit être mis en œuvre pour empêcher la concurrence effrénée entre institutions. Les pouvoirs publics, les mutuelles, les assurances et les ordres professionnels ont les instruments pour y parvenir.

2. DÉVELOPPER L'ÉDUCATION DU PATIENT

Dès la petite enfance, il faut inculquer des habitudes alimentaires, sportives et d'hygiène qui responsabilisent la personne et placent au deuxième rang les soins médicaux et les médicaments qui, hors nécessité, ne peuvent suppléer à l'absence d'efforts pour acquérir et conserver une santé aussi bonne que le permet le patrimoine génétique de chacun.

Les pouvoirs publics devraient recourir aux médias pour affiner l'information chaque fois que des découvertes scientifiques ou médicales sont divulguées, ceci afin de rationaliser la demande et freiner les applications prématurées ou déraisonnables comme la chirurgie de l'obésité, les revascularisations pour simple claudication, les vaines chasses chirurgicales aux métastases, les scopies et prothèses abusives, d'autres actes encore qui présentent des risques excessifs pour un bénéfice aléatoire. L'accord systématique et obligatoire du médecin traitant ainsi qu'un éventuel second avis devraient s'imposer avec l'entrée dans les mœurs du consentement éclairé.

Les excellents résultats obtenus en Belgique par la campagne gouvernementale d'information sur le bon usage des antibiotiques sont encourageants.

3. REPLACER LA MÉDECINE DE PREMIÈRE LIGNE À LA PREMIÈRE PLACE ET ADAPTER LA FORMATION DES MÉDECINS À LEUR VRAI RÔLE

Le médecin traitant doit voir sa place prépondérante imposée dans l'échelonnement des soins. Il est le défenseur naturel du patient le plus qualifié pour le mettre à l'abri des victimisations et l'aider à obtenir réparation s'il a été victime. Le retour au rôle primordial du généraliste s'impose d'autant plus que la multiplication des spécialités et leur subdivision à l'extrême ont fait perdre au médecin hospitalier la vision globale du patient et des soins de santé. Comme dans d'autres secteurs de la criminalité en col blanc, l'hyperspécialisation des tâches fait d'une accumulation de petits écarts — acharnement thérapeutique, examens superflus, actes inutiles, sur-prescription, ignorance du médicament générique, médicalisation excessive voire délibérée... —, une criminalité sociale majeure que l'on pourrait qualifier de criminalité en blouse blanche. Il appartient aux médecins et à leurs collaborateurs de la combattre s'ils ne veulent pas que d'autres s'en chargent.

Les études médicales sont attractives par le sentiment qu'elles donnent de comprendre l'homme, il en va de même pour la psychologie et les études paramédicales. A cela s'ajoutaient l'autorité et le prestige aujourd'hui fort érodés par la vulgarisation à grande échelle des connaissances. Enfin, même à ceux pour qui l'appât du gain n'était pas la principale motivation, la profession garantissait un revenu confortable. Il n'en est plus ainsi sauf à orienter sa carrière et organiser ses activités en fonction de la rentabilité par une exploitation rationnelle des ressources de la sécurité sociale, de l'ingénierie médico-hospitalière et de la crédulité de la clientèle.

La normalisation en cours des revenus médicaux devrait orienter vers d'autres carrières ceux qui cherchent de gros revenus et accessoirement mettre un frein au népotisme effréné qui bloque l'accès à certaines spécialités parmi les plus rentables. Ces évolutions naturelles ne sauraient tarder mais aujourd'hui les organigrammes de nombreux services spécialisés lucratifs et peu contraignants ont encore des allures d'arbre généalogique.

En partant d'une population d'étudiants aux motivations saines : curiosité scientifique, utilité socio-économique, souci humanitaire, il faudra revoir les critères de sélection en mettant fin à l'omniprévalence des sciences dites exactes dans la formation de base des futurs médecins.

Il conviendrait de réduire au strict nécessaire mathématiques, physique, chimie et biochimie pour faire place à un minimum de psychologie, sociologie et communication sans alourdir les programmes ni allonger la durée des études.

Ce serait mieux encore d'ouvrir les doctorats en médecine aux candidats en droit, en sciences humaines, en ingénieur, d'autres formations encore à évaluer ainsi qu'à certains graduats et enseignements techniques supérieurs moyennant une année préalable qui donnerait à ceux qui ne l'ont pas reçue la formation indispensable pour comprendre l'enseignement des doctorats.

Les besoins de la médecine et les qualités requises pour faire un bon médecin dans sa spécialité sont tellement variés qu'il n'est plus souhaitable d'imposer un tronc commun exagérément scientifique à des étudiants qui pourront devenir psychiatres, experts en santé publique, chirurgiens, cadres hospitaliers, généticiens, biologistes sans parler des généralistes qui doivent revenir au centre de la profession. Une telle ouverture rendrait de surcroît à la médecine son universalité.

Enfin, tous les moyens doivent être mis en œuvre pour alléger les programmes et espacer les examens et concours induits par un numerus clausus dont on doit souhaiter qu'il perde au plus tôt ses raisons d'être afin de laisser aux futurs médecins le temps de s'investir dans des activités sociales, humaines et culturelles qui, sans être obligatoires, s'imposent dans leur formation.

Compétition et rivalités sont telles à cause du numerus clausus dans les trois premières années, à cause de l'accès aux spécialités ensuite, que les surdoués de la mémoire, les travailleurs compulsifs et les agressifs ont le plus de chances de réussir.

Admission à la formation spécifique dans une spécialité médicale. Paragraphe concernant les candidats belges ou ressortissants européens. Réglementation des épreuves de sélection pour l'accès à une formation médicale spécifique

1. Jusqu'en l'année 2003, date à partir de laquelle les nouvelles règles de limitation de l'offre médicale détermineront une réduction effective et considérable du nombre des nouveaux diplômés docteurs en médecine, il est décidé que tout étudiant ayant terminé avec succès les épreuves du troisième doctorat sera admis par la Faculté à s'inscrire à l'épreuve de sélection pour l'accès à un DES. dans une branche spécifique de la médecine. A cette date, seul l'accès à la médecine générale ne sera pas dans les faits limité par des quotas déterminés par le Ministère de la Santé Publique ou par le budget des institutions. L'accès au DES en médecine générale est conditionné à l'obtention du certificat spécifique de médecine générale à la fin du quatrième doctorat. La procédure décrite ci-dessous s'appliquera donc à toutes les autres spécialités sans distinction.

2. Les épreuves de sélection sont organisées chaque année à l'intention des étudiants ayant terminé le 12e semestre de leurs études de médecine. A titre exceptionnel, pourront aussi être admissibles aux épreuves les étudiants terminant leur 4e doctoral ou les porteurs d'un diplôme de médecine délivré en Belgique ou par un pays de l'Union Européenne à l'un de ses ressortissants. Sauf exception dûment motivée, nul ne peut se présenter plus d'une fois aux épreuves de sélection dans le même DES mais chacun est autorisé à présenter deux ou plusieurs candidatures simultanément.

3. Dès à présent, après la délibération du 3e doctorat et en incluant le grade obtenu cette année-là dans l'évaluation, ces documents sont analysés par le jury de sélection qui établit une cote générale sur 50 points basée sur les critères suivants :
– les grades obtenus au cours des années précédentes : 18 points ;

- les résultats obtenus aux examens passés dans la spécialité concernée : 12 points;
- les cotes de stages obtenues dans la spécialité concernée : 10 points;
- une appréciation sur le travail personnel entrepris par le candidat en clinique dans un laboratoire ou dans un service à la Communauté, les travaux ayant donné lieu à une publication sont valorisés. Cette appréciation porte sur un total de 10 points.

A l'issue de cette première analyse, le jury peut décider d'écarter de l'épreuve finale les candidats qui, en raison d'une cote sur 50 points trop basse, ne pourraient prétendre à être classés en position utile après l'épreuve orale, fût-elle très brillamment réussie. Les candidats écartés à ce stade sont considérés comme n'ayant pas réussi l'épreuve d'admission.

4. L'épreuve orale consiste en une entrevue avec le candidats et le jury du DES correspondant complété par les différents maîtres de stages extérieurs au CHU. La forme et le contenu de cette entrevue sont laissés au libre choix de chaque jury mais ne peut comporter d'épreuve systématique de contrôle des connaissances théoriques. L'entrevue est cotée sur 50 points et doit avoir lieu avant le 15 juillet.

Commentaire personnel : les 50 points attribués à cette entrevue lui donnent exactement le même poids qu'un curriculum de 6 années d'études et permettent en quelques minutes de transformer un candidat brillant en candidat médiocre et un candidat médiocre en candidat brillant. On comprend immédiatement à quels excès cela peut conduire. On peut d'ailleurs s'interroger sur la légalité d'une telle procédure ainsi que sur le refus a priori d'entendre des candidats jugés d'office médiocres alors qu'ils vont être diplômés Docteurs en médecine...

5. L'épreuve entière étant terminée, le candidat reçoit une cote générale sur 100 points qui permet d'effectuer le classement des participants. Le classement transmis à la Faculté est affiché aux valves au plus tard le 15 juillet. Il répartit les candidats en deux groupes : d'une part, ceux qui ont été retenus par l'épreuve de sélection, d'autre part, ceux qui ne l'ont pas été. Ces derniers n'auront en aucune façon accès à la discipline pour laquelle ils n'ont pas été sélectionnés dans aucune des facultés de médecine de la région francophone. Ils peuvent toutefois présenter une épreuve de sélection dans une autre discipline. En ce qui concerne ceux qui ont réussi l'épreuve, en connaissant le nombre approximatif de candidats spécialistes engagés chaque année dans chaque département ou service, un candidat peut évaluer les chances qu'il a d'être repris pour un poste d'entrée en fonction au 1er octobre de l'année suivante. A ce moment aussi, tout candidat s'étant présenté à plusieurs épreuves doit faire le choix de celle dans laquelle il désire rester classé.

Commentaire personnel : ce choix a évidemment bien plus à voir avec les chances objectives de devenir spécialiste qu'avec une réelle vocation pour une spécialité bien précise.

Et pourtant l'expérience apprend qu'il est bien plus important et difficile de former un généraliste qu'un spécialiste.

En effet, conseiller un patient insuffisant respiratoire et diabétique avec intelligence et sensibilité sur l'opportunité d'une cure d'anévrisme de l'aorte abdominale de 5 cm de diamètre à 75 ans, sur l'indication d'une désobstruction de carotide sténosée de façon hémo- dynamiquement significative mais asymptomatique à 60 ans ou sur l'opportunité d'une prothèse de genou chez un insuffisant vasculaire périphérique de 70 ans demande beaucoup plus de connaissances et de communication qu'il n'en faut pour opérer une cataracte, revasculariser un membre ou un cœur, placer une prothèse de hanche ou équilibrer un diabète.

Tant que sévit la manie des concours et des épreuves de sélection dans la culture médicale, il faut rendre au médecin de famille une place non pas équivalente mais dominante par rapport à la médecine spécialisée. Cela sera le cas quand les patients sauront que les étudiants les plus doués sont retenus pour le DES en médecine générale, que c'est à eux qu'il appartiendra de faire avec le patient les choix thérapeutiques et qu'enfin ils seront aussi bien rétribués que leurs collègues spécialistes, ce qui est loin d'être le cas aujourd'hui. Ce renversement de la hiérarchie des valeurs dans l'esprit du public prendra quelques années. Il est donc urgent d'en imposer l'idée chez les décideurs de la santé et de l'enseignement supérieur. Ce sera d'autant plus difficile que les dernières orientations concernant les DES organisés par les facultés de médecine vont exactement dans l'autre sens, mais on le comprend d'autant mieux que les médecins généralistes sont à peine représentés dans les facultés de médecine.

Les dispositions actuelles réglant l'accès aux spécialités confirment donc la médecine générale comme un choix par défaut. Les décideurs en faculté étant tous spécialistes, une réforme n'aboutira que si elle est imposée par le politique soutenu par les associations de médecins de famille, les organismes de sécurité sociale et les mutuelles qui ont compris de longue date qu'une médecine de première ligne performante était le meilleur garant de soins de qualité pour tous et d'une sécurité sociale viable.

Le généraliste est le seul, la dichotomie disparue et la prescription de médicaments étant mieux contrôlée, à pouvoir conseiller son patient sans être soumis à la pression du système hospitalier ni de l'industrie médico-pharmaceutique. Ainsi, un éclairage du consentement objectif, hors contraintes économico-financières, donné par un thérapeute ayant une vision holistique de la santé, permettra une meilleure médecine à moindre coût.

En ce qui concerne la formation continue, sans être parfait, le système actuel d'accréditation est le plus acceptable. Recertification et évaluation permanentes conduiraient à la sélection déjà dénoncée des têtes bien pleines au détriment des têtes bien faites sans compter que le politique et les parastataux pourraient user des recertifications pour écarter les médecins non conformes à l'esprit du temps.

Concernant le numerus clausus et la formation des médecins en Belgique
Le nombre de médecins sera strictement limité dès 2007. La Commission compétente de l'administration des soins de santé a proposé de limiter à 700 le nombre de médecins qui auront accès au titre professionnel particulier pour les années 2007 et 2008. Selon la répartition faite sur base de la population des communautés (60-40), cela signifie 420 médecins pour la Communauté flamande et 280 pour la Communauté française. Deux projets ont été approuvés : le premier fixe à 700 le nombre de médecins pour les années 2007 et 2008, ce chiffre sera ultérieurement scindé entre généralistes et spécialistes. Le second projet détermine le nombre de médecins qui auront accès à l'attribution de certains titres professionnels particuliers pour les années 2004, 2005 et 2006. Le nombre de candidats qui auront accès au titre de médecin généraliste sera de 300 pour chacune de ces années. Le nombre de candidats qui auront accès au titre de spécialiste sera de 400 pour 2004, 350 pour 2005 et 300 pour 2006.

Un article intitulé «L'immoralité légale du numerus clausus» rédigé par M. Herin, B. Flamion, Michel Jadot, Michel Mercier, professeurs à la Faculté de Médecine aux Facultés Universitaires Notre-Dame de la Paix à Namur, fait observer : il faut côtoyer les étudiants de candidatures médicales pour comprendre à quel point le système est une véritable torture psychologique et morale de tous les instants. Durant trois années, leur moindre pensée est un cauchemar tourné vers ce classement fatidique et les moyens à mettre en œuvre pour gagner le droit de poursuivre. D'autres étudiants aux qualités humaines et scientifiques véritables l'ont compris plus tôt et ne se présentent même plus aux portes de la première candidature en Médecine. Avons-nous le droit d'imposer une qualité de vie déplorable à ces adultes en devenir d'autant plus qu'ils seront demain nos médecins traitants à qui nous demanderons alors de faire preuve de la plus grande humanité ?

4. REVENIR AU CONSENTEMENT ÉCLAIRÉ, APPRENDRE À ÉCLAIRER LE CONSENTEMENT ET RÉAPPRIVOISER LA MORT

Qui ne dit mot consent est encore la règle dans presque tous les hôpitaux et pour la plupart des médecins. Si le patient, ni le médecin traitant, ni l'entourage ne posent de questions, investigations et traitements même invasifs sont pratiqués sans réserve. Si le patient ou ses représentants émettent des objections, c'est souvent le chantage aux complications ou aux risques vitaux, voire le refus de soins. La dialectique du droit à l'information et du consentement éclairé reste chez nous embryonnaire parce qu'elle s'oppose à l'autorité du corps médical et à la rentabilité de l'outil médico-hospitalier. Si, hors état de nécessité, toute demande d'examen et toute autorisation d'intervention devaient être contresignées par le patient ou à défaut par son médecin traitant, surconsommation et victimisation diminueraient de façon spectaculaire.

Contrairement à ce que beaucoup pensent, le consentement éclairé a toujours été la règle plutôt que l'exception dans toutes les cultures, et en tout cas pour les hommes libres, depuis qu'existe une médecine.

L'origine d'une chirurgie rationnelle et efficace remonte à la connaissance précise de l'anatomie, c'est-à-dire aux XVIᵉ, XVIIᵉ siècles. Les progrès de la médecine sont ultérieurs, ses résultats moins visiblement liés à l'intervention du médecin et par là, jusqu'à ces derniers temps, moins sujets à plaintes, litiges et débats sur le consentement éclairé.

Après une maturation de deux siècles, les pratiques chirurgicales se sont codifiées, les résultats parfois spectaculaires quand le patient survivait à l'absence d'anesthésie-réanimation et à l'infection, ont conféré au chirurgien un prestige aujourd'hui disparu, pléthore et hyperspécialisation aidant.

Jusqu'à la fin de la dernière guerre, c'est-à-dire avant la mise en application d'une vraie politique sociale et de santé dans les pays occidentaux, c'était un privilège ou une chance compassionnelle de pouvoir bénéficier d'interventions chirurgicales. Quel que soit le résultat, le patient et son entourage estimaient alors avoir eu toutes leurs chances et les complications ou le décès post-opératoire étaient attribués à la seule fatalité et acceptés avec résignation.

Comme il était inconcevable de consentir à une faveur et encore moins de se la faire justifier, la notion de consentement éclairé a cessé pendant cette période d'être la règle; à tel point que la jurisprudence du milieu du XXᵉ siècle considérait ce consentement acquis et qu'il appartenait au patient en cas de litige de fournir la preuve qu'il ne l'avait pas donné ou qu'il n'avait pas reçu l'information complète et compréhensible.

Ce n'est qu'en fin de XXᵉ siècle que le médecin est à nouveau comme par le passé tenu à informer et à obtenir le consentement du patient avec la charge de prouver qu'il a bien rempli cette obligation.

L'étonnement des médecins sur ce dernier point est surprenant. En effet, s'il faut admettre qu'il ne lui est pas toujours facile de se ménager la preuve de l'obtention du consentement, il faut reconnaître qu'il est plus difficile encore et souvent impossible pour le patient d'apporter la preuve de l'absence de consentement.

Ce renversement de la charge de la preuve n'est qu'un retour à une situation ancienne et universellement admise.

Les choses avaient commencé à bouger auparavant, mais discrètement. Le texte principal est un arrêt de la chambre civile de la Cour de cassation du 20 mai 1936 (arrêt Mercier) où on lit notamment :

« attendu qu'il se forme entre le médecin et son client un véritable contrat, comportant pour le praticien l'engagement, sinon, bien évidemment, de guérir le malade, ce qui n'a, d'ailleurs, jamais été allégué, du moins de lui donner des soins, non pas quelconques (...) mais consciencieux, attentifs et, réserve faite de circonstances exceptionnelles, conformes aux données acquises de la science...».

Le contrat ainsi évoqué implique, à côté d'autres conditions, le consentement des parties contractantes, ce qui n'a rien de désobligeant. Cette implication mettra longtemps à s'imposer, malgré un arrêt de la Cour de cassation du 28 janvier 1942 (arrêt Teyssier) qui pose le principe que «comme tout chirurgien, le chirurgien d'un service hospitalier est tenu, sauf cas de force majeure, d'obtenir le consentement du malade avant de pratiquer une opération»; très en avance sur la pratique, ce même arrêt énonce «qu'en violant cette obligation imposée par le respect de la personne humaine, le chirurgien commet une atteinte grave aux droits du malade».

A ce point, on peut remarquer que la nécessité juridique du consentement a été affirmée sans que soit évoquée celle de l'information préalable. C'est ultérieurement que la validité du consentement désormais exigé fera apparaître l'importance de son éclairage.

Aux Etats-Unis, le consentement (*informed consent*) n'apparaît qu'en 1957 sous deux formes :

– les *Commentaires des Principes de l'American Medical Association* précisent que l'utilisation de nouveaux médicaments ou techniques obligent à obtenir le consentement volontaire de la personne, également requis en cas de recherche;

– le 22 octobre 1957, le jugement de l'affaire *Salgo* en Californie précise : «Un médecin viole son devoir vis-à-vis de son patient et devient responsable s'il retient des faits qui sont nécessaires pour fonder un consentement avisé (*intelligent*) du patient au traitement proposé». Mais il ajoute de façon contradictoire : «En discutant le risque, une certaine discrétion s'impose en cohérence avec la révélation complète des faits nécessaires à un consentement éclairé».

Cependant, des jugements ultérieurs resteront prudents pour éviter des informations éventuellement traumatisantes pour les malades et laisser les médecins exercer dans de bonnes conditions.

Charge de la preuve

Elle a été récemment modifiée par la Cour de cassation.

Cette preuve était initialement dévolue au plaignant, c'est-à-dire en l'espèce le patient, depuis l'arrêt princeps du 29 mai 1951 Martin/Birot :

«Si le contrat qui se forme entre le chirurgien et son client comporte en principe l'obligation pour le praticien de ne procéder à telle opération chirurgicale par lui jugée utile qu'après avoir au préalable obtenu l'assentiment du malade, il appartient toutefois à celui-ci, lorsqu'il se soumet en pleine lucidité à l'intervention du chirurgien, de rapporter la preuve que ce dernier a manqué à cette obligation contractuelle en ne l'informant pas de la véritable nature de l'opération qui se préparait et en ne sollicitant pas son consentement à cette opération».

C'est au malade qu'il appartenait ainsi d'apporter la preuve qu'il n'avait pas été suffisamment informé par le médecin des effets de sa maladie et des risques pouvant résulter du traitement.

Par l'arrêt Hédreul du 25 février 1997, la Cour suprême a opéré un revirement complet de cette jurisprudence en décidant de *renverser la charge de la preuve*. C'est dorénavant au médecin qu'il incombe d'apporter la preuve qu'il a rempli son obligation d'informer son patient :

«Le médecin est tenu d'une obligation particulière d'informations vis-à-vis de son patient et il lui incombe de prouver qu'il a exécuté cette obligation».

Ce revirement de la jurisprudence repose paradoxalement sur un même fondement juridique : l'article 1315 du Code civil. En estimant jusqu'ici que la charge de la preuve incombait au patient, la Cour de cassation se fondait sur le premier alinéa de cet article («Quiconque réclame l'exécution d'une obligation doit la prouver») et faisait référence à une règle procédurale classique : dans un procès, c'est au plaignant qu'il appartient de prouver ce qu'il allègue. Toute instance judiciaire impose normalement au demandeur la charge de la preuve. En l'occurrence, il revenait au plaignant d'apporter la preuve qu'il n'avait pas été informé, une preuve «diabolique» toujours difficile à apporter.

Pour renverser cette charge de la preuve, la Cour de cassation se fonde sur le second alinéa de l'article 1315 jusque-là occulté :

«Réciproquement, celui qui se prétend libéré doit justifier le paiement ou le fait qui a produit l'extinction de son obligation».

B. Hoerni, R. Saury, *Le consentement*, Masson, 1998.

Ayant eu le privilège d'exercer ma profession de chirurgien à plusieurs reprises entre 1968 et 1995 au Rwanda, au Tchad, en Ethiopie, en Angola, en Palestine, j'ai dû constater, malgré la barrière des langues, qu'il était inadmissible et dangereux de pratiquer quelqu'acte invasif que ce soit et moins encore une autopsie, un prélèvement de sang pour don, une conservation de placenta ainsi que d'organes symboliques — sein, utérus — en vue d'examens sans l'accord explicite du patient et de son entourage. Les infractions à ces règles de savoir-vivre médico-chirurgical et de convivialité suscitaient l'hostilité voire la violence et rompaient une relation de confiance qu'il avait fallu longtemps pour établir entre médecins, accoucheuses, infirmières et population locale.

En Ethiopie, avant toute intervention même vitale ou urgente, *a fortiori* programmée, tout patient devait apposer sa signature au bas d'un document où était écrit en ahmarique, traduit à haute voix par un collaborateur local, ce qu'allait faire le chirurgien; les patients illettrés, très largement majoritaires et plus méfiants encore que les patients instruits, apposaient leur empreinte digitale; ce document devait figurer au dossier.

Je me souviens au Tchad de longues discussions pour convaincre de la nécessité d'opérer une obstruction, une péritonite, une gangrène..., et malgré de longues palabres, voir repartir le patient vers une mort quasi certaine. Au Tchad encore, le médecin d'un hôpital d'une ville du désert avait préparé trois patients âgés, prostatiques, sondés à demeure avec toutes les complications que cela représente, en vue de prostatectomie. Le premier opéré saigna la nuit, je dus le reprendre à la lueur d'une lampe tempête, le lendemain il était hors de danger, mais les deux autres patients au fait de l'accident nocturne étaient repartis à l'aube vers leur oasis. Nos patients sont moins méfiants.

Il faut avoir connu en Afrique le drame de femmes aux trompes ligaturées ou hystérectomisées d'initiative par des chirurgiens qui décidaient de les mettre à l'abri de nouvelles grossesses ou de dystocies futures. Encore jeunes mais désormais infertiles, elles étaient rejetées par leur famille et socialement mortes ; le mal qui leur avait été fait à partir de belles intentions était irréversible. Elles venaient aux consultations supplier les médecins de défaire le nœud qu'un précédent confrère avait sans permission noué dans leur ventre. Je comprends que les médecins confrontés notamment aux fistules vésico-vaginales si répandues dans ces pays où les femmes sont encore peu de choses, choisissent entre deux maux celui qu'ils croient être le moindre, mais l'observateur extérieur découvre dans ces situations le drame de l'absence de consentement éclairé.

Il est dès lors étonnant que nous ayons mis un demi-siècle à restaurer en médecine ce principe de droit qui n'est que l'extension d'une liberté fondamentale, celle du droit à l'intégrité physique et à la liberté individuelle consacrée par la constitution puis la convention européenne des droits de l'homme et, depuis peu enfin, jugée conforme à l'éthique médicale par l'association médicale mondiale, les ordres nationaux et le parlement européen qui a adopté une résolution sur une charte européenne des droits du patient.

Imposer son droit au consentement libre et éclairé ne fait pas encore partie du comportement des aînés ; les plus jeunes par contre, en particulier ceux qui surfent sur le Net, émettent d'emblée des exigences de résultats pour des actes médico-chirurgicaux qui ne correspondent même pas à des besoins de santé : changer son apparence, pouvoir pratiquer un sport sans mesure, se soumettre à toutes les assuétudes sans en subir les effets secondaires. L'attitude de nos contemporains évolue ainsi de la résignation pour les aînés à l'exigence, pour les plus jeunes, d'un produit médico-chirurgical irréprochable ; entre les deux se situe le consentement libre et éclairé à des soins de santé nécessaires et suffisants : c'est à cela qu'il convient de parvenir.

D'excellents articles font le point sur l'aspect éthique du consentement éclairé ; s'ils concluent qu'il est utile de rassembler un maximum de documents écrits, signés par le patient, de plus en plus de tribunaux rejettent ces documents car ils ne prouvent en rien qu'une information compréhensible a été donnée au patient[70].

Il est néanmoins toujours utile en cas de litige de pouvoir documenter par un livret préopératoire signé par le patient, un courrier adressé au médecin traitant et le dossier médical, l'information donnée.

Etant intervenu pour que soit reprise dans le fascicule remis à chaque hospitalisé la charte des droits du patient, j'ai dû reconnaître que moins de 5 % des patients chirurgicaux lisaient cette charte. Quant à des documents plus spécifiques et essentiels comme l'autorisation pour une ligature de trompes, les mises en garde en chirurgie coelioscopique, en radiologie interventionnelle ou en chirurgie endovasculaire, ils sont parfois remis au patient au moment de l'admission, signés sans être lus ou signés sous l'influence de la pré-narcose dans les cas de plus en plus fréquents de chirurgie en hôpital de jour. Quelle utilité ont alors ces documents si ce n'est de couvrir la responsabilité de chirurgiens pressés et d'hôpitaux déshumanisés. Avocats et juges commencent à le savoir.

CHARTE DU MALADE USAGER DE L'HOPITAL

1. Le malade a le droit d'accès aux services hospitaliers adéquats à son état ou à sa maladie.

2. Le malade usager de l'hôpital a le droit d'être soigné dans le respect de sa dignité humaine. Cette prestation englobe non seulement les soins médicaux, infirmiers et analogues mais également une sollicitude, un hébergement et un encadrement technique et administratif appropriés.

3. Le malade usager de l'hôpital a le droit d'accepter ou de refuser toute prestation de diagnostic ou de traitement. Lorsqu'un malade est complètement ou partiellement (de par la loi ou de fait) incapable d'exercer ce droit, celui-ci est exercé par son représentant ou par une personne légalement désignée.

4. Le malade usager de l'hôpital a le droit d'être informé de ce qui concerne son état. C'est l'intérêt du malade qui doit être déterminant pour l'information à lui donner. L'information donnée doit permettre au malade d'obtenir un aperçu complet de tous les aspects, médicaux et autres, de son état, et de prendre lui-même les décisions ou de participer aux décisions pouvant avoir des conséquences sur son bien-être.

5. Le malade usager de l'hôpital ou son représentant a le droit d'être complètement informé à l'avance des risques que peut présenter toute prestation inhabituelle en vue du diagnostic ou du traitement. Pareille prestation doit faire l'objet d'un consentement explicite du malade ; ce consentement peut être retiré à tout moment. Le malade doit pouvoir se sentir complètement libre d'accepter ou de refuser sa collaboration à la recherche clinique ou l'enseignement ; il peut à tout moment retirer son acceptation.

6. Le malade usager de l'hôpital a droit, dans la mesure où les conditions matérielles de son environnement le permettent, à la protection de sa vie privée. Le caractère confidentiel de l'information et du contenu des dossiers le concernant, notamment médical, doit être garanti.

7. Le malade usager de l'hôpital a droit au respect et à la reconnaissance de ses convictions religieuses et philosophiques.

8. Le malade usager de l'hôpital a le droit de déposer une réclamation, de voir celle-ci examinée et d'être informé des suites données.

Parlement européen, Strasbourg, 9 mai 1979.

Le consentement a bien plus de valeur s'il a été obtenu par le médecin qui a donné l'éclairage adapté à la sensibilité et à l'intelligence du patient, si possible en présence d'un proche qui sera informé au cas où le patient ne pourrait plus l'être. Le médecin doit aussi faire part des examens qu'il souhaite faire réaliser, expliquer en quoi ils consistent, en quoi ils l'aident dans son diagnostic et son traitement et les risques qu'il y aurait à s'en passer. En procédant ainsi, ce qui demande temps et patience, il n'y a de plaintes que pour les fautes grossières où l'obligation de résultat n'est pas rencontrée — erreurs de latéralité, d'organes opérés, etc. —, ainsi que pour les événements imprévisibles et pour les infections nosocomiales où l'hôpital est aussi concerné que le médecin.

Le seul obstacle à une information de qualité est le temps, donc l'argent. On soulève ainsi le problème moral de la surproduction d'une partie du corps médical qui répond à la surconsommation spontanée et induite de la population. Il y aurait moitié moins d'actes, la plupart inutiles ou nocifs, si la règle du consentement éclairé et de l'information à tous les stades du traitement était scrupuleusement respectée. Les dépenses de santé seraient réduites, mieux ciblées et des budgets ainsi libérés.

Le consentement éclairé n'a de sens qu'avec un éclairage correct du consentement. Pour le patient comme pour Confucius, l'expérience est une lanterne que l'on porte dans le dos, elle n'éclaire que le chemin parcouru. A quoi sert d'apprendre au patient qui a eu une prothèse infectée, un membre amputé, une fonction digestive irrémédiablement invalidée qu'il y avait d'autres moyens qu'une prothèse de hanche, une greffe vasculaire ou une gastroplastie pour moins souffrir, mieux marcher ou maigrir?

L'éclairage doit venir du médecin traitant. Hors état de nécessité, le spécialiste donne un avis au patient et à son médecin, lequel fait la synthèse des avis spécialisés parfois contradictoires et oriente la décision.

Le médecin traitant est celui qui connaît le mieux les problèmes socioprofessionnels et familiaux, il est à même de percevoir les risques de somatisation et d'éviter les gestes diagnostiques et thérapeutiques superflus, les uns entraînant les autres.

Il est aussi important d'obtenir le consentement pour les explorations invasives ou non que pour les traitements ; c'est aussi la seule façon d'aider le patient à comprendre ses problèmes de santé et d'obtenir sa collaboration pour les traitements les plus contraignants, les plus efficaces et les moins onéreux tels que l'arrêt du tabac et autres assuétudes, l'exercice physique, le contrôle pondéral, etc.

Hors urgence, on ne peut rien faire à un patient sans son accord ou celui de la personne qu'il a désignée comme son représentant, à défaut de son médecin traitant, s'il est incapable de donner son consentement. Cela peut paraître fastidieux mais, si on se donne le temps de leur parler, les patients, même âgés, sont en état de donner ou de retirer leur accord pour un examen ou une intervention. Le patient a toujours le droit de changer d'avis et on ne peut le priver de traitements de confort parce qu'il refuse les examens et traitements proposés. J'ai vu des médecins priver les patients d'analgésie afin d'emporter leur accord pour des explorations et interventions lourdes à l'utilité très contestable.

Réciproquement, il faut savoir que, hors urgence vitale ou obligation de garde, auquel cas le médecin doit son assistance, il peut toujours refuser la prise en charge d'un patient qu'il juge insuffisamment coopérant ou avec lequel il ne se sent pas capable d'établir une relation correcte.

Le patient doit être prévenu des risques non exceptionnels (> 1%) pour les actes à visée curative et de tous les risques, même exceptionnels (< 1%), pour les actes de confort : prothèse ostéo-articulaire, claudication intermittente, varices, gastroplastie, etc.

Lorsqu'elle existe, l'alternative la moins agressive ou la moins invasive doit être proposée avec ses inconvénients par rapport au «gold standard» du moment ou aux avis des conférences de consensus ; dans le même temps, il faut exposer au patient les risques encourus en l'absence de tout traitement. Cela signifie pour beaucoup de médecins réapprendre l'histoire naturelle des maladies de nos jours si peu et si mal enseignée[71].

La lecture de l'avant-projet de loi sur les droits du patient ne peut qu'énerver les gens de terrain, c'est le prototype du texte rédigé par des théoriciens jamais confrontés aux réalités quotidiennes[50].

De précédents projets évoquaient les droits et devoirs du patient dont il ne semble plus être question aujourd'hui. Tous ceux qui s'occupent de patients souhaiteraient aux articles 5, 6 et 7 du chapitre II : Droits du patient — des ajouts concernant les devoirs. Le texte extrait du projet de loi est en italiques, les commentaires sont en caractères normaux.

Chapitre II : Droits du patient

Art. 5. Le patient a droit, de la part du prestataire de soins, à des prestations de qualité répondant à ses besoins et ce, dans le respect de sa dignité humaine et de son autonomie et sans qu'une distinction d'aucune sorte ne soit faite. Le patient a le devoir d'être poli et respectueux vis-à-vis du prestataire quel que soit son sexe ou sa race.

Art. 6. Le patient a droit au libre choix du prestataire de soins et il a le droit de modifier son choix sauf limites imposées dans ces deux cas en vertu de la loi. Le prestataire, hors état de nécessité, a le droit de refuser sans devoir en donner la raison de prendre en charge un patient.

Art. 7 § 1ᵉʳ. Le patient a droit, de la part du prestataire de soins, à toutes les informations qui le concernent et peuvent lui être nécessaires pour comprendre son état de santé et son évolution probable. Le patient a le devoir d'écouter attentivement le prestataire, de lui poser les questions qu'il juge utiles et de confirmer sa bonne compréhension.

§ 2. La communication avec le patient se déroule dans une langue claire et compréhensible. Le patient peut demander que les informations soient confirmées et écrites. Dans la mesure du possible, il a l'obligation de les lire à voix haute devant celui qui les a rédigées et de confirmer sa compréhension du texte, trop de patients ne comprenant que ce qui leur convient.

A la demande du patient, les informations sont communiquées à une personne de confiance désignée par lui. Cette demande du patient et l'identité de cette personne de confiance sont consignées ou ajoutées dans le dossier du patient. Le devoir d'information se limite au patient et à la personne de confiance, le prestataire n'est pas tenu d'informer les personnes qui revendiquent le statut de proche du patient et, sauf identité certaine du correspondant, hôpitaux et soignants devraient s'interdire de donner des informations par téléphone.

Le grand public feint d'ignorer l'insécurité psychologique et physique croissante dans laquelle travaillent infirmiers et médecins, particulièrement dans les services d'urgence. Pour les jeunes infirmières et médecins résidents qui commencent leur carrière, s'entendre traiter avec une rare grossièreté et une violence extrême par des patients drogués, ivres et dépourvus de toute forme d'éducation devient rapidement intolérable et démotive les meilleurs.

Ce n'est guère mieux dans les services hospitaliers où les exigences vont croissant : visites à n'importe quelle heure, vases pour les fleurs, appels du médecin de garde à tout propos avec commentaires désobligeants si ce n'est pas le même que la veille. De façon non exceptionnelle, certains patients continents font sous eux et appellent l'infirmière ajoutant sans vergogne : c'est pour cela qu'on la paie. Accompagnants et visiteurs ont de plus en plus d'exigences non seulement pour le patient mais pour eux-mêmes. Il faut avoir vécu l'agressivité d'accompagnants parce qu'on ne sait pas capter leur chaîne préférée de TV pour comprendre ce que vit parfois le personnel soignant qui est là pour assumer d'autres tâches et responsabilités. Beaucoup d'hôpitaux ont déjà des vigiles, on peut craindre qu'il faille un jour des forces de l'ordre pour imposer la tolérance zéro et mettre le personnel à l'abri des violences de toutes sortes sans quoi il risque un jour de ne plus y avoir de soignants.

Enfin, il faut se préserver, même dans les lois, de la tyrannie et des abus de pouvoir que font peser certains patients surtout chroniques sur leur entourage familial et ceux qui les ont en charge ; maladies et invalidité sont des malheurs, ils donnent certains droits mais n'immunisent pas de tous les devoirs.

L'humanisation des hôpitaux est une bonne chose mais elle est excessive lorsqu'un trop grand confort incite certains à se faire hospitaliser le plus souvent possible et le plus longtemps possible sans raison médicale valable.

Il faut que l'on entre à l'hôpital avec la volonté de coopérer pleinement à son traitement, avec un sentiment de respect pour les soignants et le désir de rentrer chez soi le plus rapidement possible.

Les médias et les services de communication des hôpitaux qui s'efforcent de présenter l'hospitalisation comme un séjour festif suscitent d'énormes déconvenues. Il convient au contraire de répéter que nul n'est contraint de faire confiance à la médecine et qu'aucun acte médical n'est exempt de risque ; le recours aux services de soins ne garantit en aucun cas la guérison ou l'amélioration de l'état de santé, tout au plus en accroît-il les chances.

Certains médecins portent une lourde responsabilité dans la multiplication des espoirs déçus ; ceux-là sont plus proches des charlatans que des hommes de science et c'est malheureusement à eux que les média donnent le plus souvent la parole.

A partir du moment où le patient fait respecter ses droits, il doit coopérer avec son thérapeute et suivre autant que possible les conseils qui lui sont prodigués, telle l'adoption si difficile d'une nouvelle hygiène de vie qui résout de nombreux problèmes de santé.

Le patient se doit aussi de choisir son médecin traitant avec intelligence, ne recourir à l'échelon spécialisé et hospitalier que par son intermédiaire et, lorsque ce n'est pas le cas — accident, problème aigu —, s'assurer que son médecin traitant est informé. Il faut aussi apprendre au patient à n'accepter passivement ni examen ni traitement par paresse intellectuelle, à ne pas médicaliser ses problèmes socio-familiaux et professionnels et à ne pas se réfugier dans la maladie comme alibi à une vie normale, même si, comme l'écrit Balzac, «la douleur ennoblit les personnes les plus vulgaires, car elle a sa grandeur, et pour en recevoir du lustre, il suffit d'être vrai» (in César Birotteau).

Les médecins et les médias doivent répéter sans cesse qu'aucun acte médical n'est exempt de risque et que nul n'est contraint de s'y soumettre.

Il serait raisonnable d'exclure du droit de la responsabilité médicale les interventions sur le corps qui n'ont pas été validées par l'organisme assureur et les transférer au droit commercial. Celui qui, de son plein gré, considère son corps comme une marchandise doit s'assurer en conséquence, son corps étant soumis à des contraintes anormales avec des risques excessifs de lésions inhabituelles ou prématurées. C'est le cas de la plupart des sportifs à partir d'un certain niveau et l'on commence seulement à attirer l'attention des médecins et du public sur les effets dévastateurs pour la santé des sports de compétition[72].

Enfin, pour tenter de faire respecter jusqu'au bout ses droits en matière de soins, chacun devrait rédiger ou faire rédiger avec l'aide de son médecin un testament de vie pour prévenir l'acharnement thérapeutique et contribuer au don d'organes[73].

En même temps, il conviendrait d'apprivoiser la mort, lui rendre sa place indispensable dans le cycle de la vie et cesser de l'occulter comme on le fait aujourd'hui. Ne sont présentées aux yeux des jeunes que les morts violentes ou dans des circonstances extrêmes : guerres, attentats, cataclysmes, accidents, alors que, à tout le moins dans nos pays, la majorité meurt dans un lit à un âge respectable, repus de jours, l'élan vital perdu. Cela se passe en cachette à l'hôpital ou en maison de repos et de soins (MRS) comme si la mort était honteuse.

La mort aujourd'hui est chez nous ce qu'était le sexe à l'époque victorienne avec tous les malheurs, les complexes et les drames infligés à quelques générations[74]. La mort doit redevenir ce qu'elle est le plus souvent, le terme logique et apaisant d'une vie parcourue : une délivrance et un grand départ. Sociologues, psychologues, médecins ont de nombreux tabous à détruire et la société doit s'organiser en réincorporant la mort aussi utile à son bon fonctionnement que la naissance, le travail, le plaisir et l'amour. Le retour en grâce de la mort acceptée peut faire beaucoup dans le combat contre les acharnements thérapeutiques et pour le respect du consentement éclairé.

5. IMPOSER LA RIGUEUR SCIENTIFIQUE ET INTRODUIRE PLUS D'ÉTHIQUE DANS LA RECHERCHE MÉDICALE

La plupart des cliniciens n'ont aucune formation en épidémiologie, en santé publique et en statistique. Il en résulte une absence de rigueur méthodologique qui enlève beaucoup de leur valeur aux travaux cliniques[75]. Pour rendre utile la masse incontrôlée des publications, il conviendrait que l'évaluation des résultats soit confiée à des scientifiques tout à fait indépendants; à défaut se pose l'éternelle question «qui paie qui pour évaluer quoi?», ou encore «qui fait quoi pour qui, et pourquoi?».

Conformément à la déclaration d'Helsinki, les auteurs et les éditeurs de publications scientifiques ont des obligations d'ordre éthique. Lors de la publication des résultats d'une étude, les investigateurs doivent veiller à l'exactitude des résultats; les résultats négatifs aussi bien que les résultats positifs doivent être publiés ou rendus accessibles. Le financement, l'appartenance à une ou des institutions et les éventuels conflits d'intérêts doivent être exposés dans les publications. Le compte rendu d'une étude non conforme à ces principes ne doit pas être publié.

Beaucoup de jeunes spécialistes en formation savent qu'en étudiant efficacité et résultats de telle ou telle méthode diagnostique ou thérapeutique, ils doivent au moins arriver à des chiffres équivalant à ceux de la littérature déjà publiée au risque de voir leur travail refusé par leur patron. L'honnêteté intellectuelle leur est difficile car publier est devenu un impératif pour accéder au titre de spécialiste. Lorsqu'on est contraint à ce type de malhonnêteté en début de carrière, il est malaisé de s'en défaire par la suite[64].

Tous les cliniciens constatent la marge inexplicable entre les faits observés sur le terrain et les publications. Les patients peuvent ainsi pâtir pendant des dizaines d'années de thérapeutiques non seulement inutiles mais nocives. La liste est énorme de traitements aujourd'hui tombés en désuétude pour leur inefficacité ou leur danger mais qui ont donné matière à des travaux enthousiastes tant dans le domaine médical que chirurgical.

Il est surprenant de lire des études portant sur de grandes séries de cas de chirurgie pour cancer de l'œsophage ou pour métastases de tumeurs récidivantes compter si peu de décès alors que la mortalité zéro n'existe pas et que des groupes de personnes du même âge en bonne santé et en nombre égal à celui des séries de patients publiées ont quand même une mortalité naturelle. A croire, selon certains cliniciens chercheurs, que l'on vit plus longtemps à 65 ans si on est suivi pour un cancer métastatique traité agressivement que si on est en bonne santé. Ce n'est pas sérieux.

L'évaluation sur l'homme de nouveaux modes de diagnostic et de traitement devrait être confiée à des centres sélectionnés et supervisés par des scientifiques attachés aux services de santé publique sans quoi les avancées de la Médecine continueront à se faire en laissant beaucoup de scories derrière elle. Enfin, il serait peut-être temps que la notion de responsabilité médicale s'étende aux auteurs des publications[77].

Conclusions

L'accès aux soins et aux médicaments doit être mesuré et rationnel. Les soins hospitaliers doivent être réservés aux cas qui en ont réellement besoin sur base des circonstances — accidents, problèmes aigus — ou suite à la décision du médecin traitant.

Un pourcentage important de lits sont occupés par des patients dont le seul mal est l'âge avec son cortège de faiblesses naturelles. Il faut multiplier les logements adaptés avec un environnement opportun pour personnes âgées au lieu de profiter de leur dégradation physiologique pour les transformer en malades et les parquer dans les hôpitaux où, de pensionnaires qu'ils devraient être, ils se transforment en victimes d'une médecine et d'une chirurgie abusives qui, plutôt que de veiller à leur confort physique et mental, les explorent et les opèrent jusqu'à leur dernier souffle.

Pour cela, il faut plus d'hospices, de béguinages, de logements adaptés et d'attentions sociales à domicile à financer par une réduction drastique du nombre de lits d'hôpitaux. Le pouvoir devra surveiller de près le commerce émergeant des lits MR, MRS, MRSA dont la rentabilité s'annonce exceptionnelle dans les décennies à venir; outre leur rendement financier, les lits pour personnes âgées entretiennent le clientélisme politicien d'autant que la demande est supérieure à l'offre soigneusement régulée par le pouvoir. C'est pourtant là un secteur où, dans l'intérêt de tous, la libre concurrence devrait pouvoir s'exercer comme dans le secteur hôtelier, sécurité et hygiène étant bien entendu contrôlées par les pouvoirs publics comme dans tous ces types de services.

L'accès au service d'urgences des hôpitaux hors cas aigus doit être conditionné par une demande motivée du médecin traitant dont la continuité impérative des soins ne peut être assurée que par le travail en groupe sous quelque forme que ce soit : ASBL, SPRL, maisons médicales qui centralisent les appels et organisent la permanence des gardes et la continuité des soins.

Un temps d'information et d'éducation à la santé doit être laissé par les médias à l'autorité qui a la santé dans ses attributions pour l'aider à limiter la consommation des médicaments et tempérer les publicités déguisées auxquelles se livrent hôpitaux et médecins pour multiplier examens et actes techniques de pointe souvent superflus et parfois dangereux. Dans cet ordre d'idées, les cours d'information sur la santé et d'éducation sexuelle dispensés par des praticiens compétents s'imposent dès l'école primaire. On ne dira jamais assez que la surconsommation médicale est aussi coûteuse et dévastatrice pour la société que le sont les drogues, elle mérite autant d'attention.

Le consentement éclairé hors état de nécessité doit être obtenu pour tous les actes et examens ; en son absence, le médecin doit savoir qu'il commet un délit et que ce délit est plus grave encore si, pour forcer le consentement, ce qui n'a rien d'exceptionnel, il travestit et dramatise l'information.

A propos d'anévrismes de l'aorte abdominale de petit calibre peu susceptible de se rompre, certains osent encore dire à des personnes âgées : vous avez une grenade dans le ventre, au moindre effort, elle se dégoupille et elle explose... ou encore : votre colonne est terriblement abîmée, si je ne vous opère pas rapidement, vous terminerez vos jours en chaise roulante... Mieux : ce sont des varices internes, on les voit peu mais il faut opérer à temps sinon elles feront des dégâts irréversibles sans compter les risques de phlébite et d'embolie pulmonaire. C'est à ce stade et dans ces cas surtout que le rôle d'un médecin généraliste à la compétence plus étendue et à l'autorité plus grande que celle des spécialistes sera essentielle.

Et si une personne veut acheter une gastroplastie, une cure de varices, une revascularisation, une chirurgie sportive, que sais-je encore, contre l'avis de son médecin traitant et du médecin conseil de l'organisme assureur, qu'elle passe un contrat commercial avec le spécialiste fournisseur de matériel et de service, avec devis, garantie et contrat de maintenance aux risques et périls des contractants mais cela n'aura plus rien à voir avec les soins de santé.

Par contre, comme beaucoup de personnels de santé, je m'étonne des restrictions intolérables imposées aux dépenses pour certaines maladies graves ou congénitales, pour certains médicaments onéreux mais indispensables, pour certaines prothèses, pour les soins palliatifs et de confort, pour les stomathérapies, alors que l'on assiste impuissant à des dépenses irrationnelles pour des chirurgies acrobatiques à l'utilité discutable en cancérologie, orthopédie, maladies vasculaires et endocriniennes notamment.

Les demandes d'examens radiologiques et biologiques ne cessent de croître et le politique croit freiner cette explosion ruineuse en bloquant la mise à disposition de technologies de pointe; c'est aussi naïf que d'interdire l'achat de bulldozers pour maintenir en activité brouettes et terrassiers. Il faudrait plutôt disposer de scanners spiralés, de RMN et de PET-scans dans tous les centres hospitaliers d'une certaine importance mais imposer la motivation précise de chaque demande d'examens par son prescripteur et autoriser le radiologue ou le biologiste, comme on le fait maintenant pour les prescriptions de médicaments vis-à-vis du pharmacien, à choisir l'examen le plus performant pour approcher au mieux le diagnostic recherché par le médecin demandeur. Si un seul examen — le PET-scan notamment — peut en remplacer quatre ou cinq, ce sera en fin de compte plus précis, plus confortable pour le patient et moins coûteux pour tous.

Si on veut une médecine plus humaine avec moins d'actes, de techniques et de médicaments superflus, il faut plus de médecins autrement formés et une importante revalorisation des actes intellectuels. Le médecin doit pouvoir prendre le temps d'écouter et d'examiner son patient, de lui parler ensuite, ce que l'on n'a guère appris aux médecins jusqu'ici. Le succès des médecins parallèles ou non hypocratiques tient à leur disponibilité et à leur qualité d'écoute; ils peuvent consacrer une heure s'il le faut sans examen sophistiqué à chaque patient, leurs honoraires étant libres et proportionnels au service et au temps offerts.

En pratique conventionnelle, il n'est pas rare que des médecins demandent un scanner abdominal sans avoir interrogé, palpé ni ausculté le patient, que certains demandent des examens vasculaires sophistiqués sans avoir interrogé le patient ni palpé ses artères ou que des orthopédistes fassent inscrire à leur programme opératoire des arthroscopies pour des patients qu'ils n'ont pas examinés eux-mêmes.

Une médecine de première ligne qualitativement et quantitativement suffisante permettra de limiter au strict nécessaire les soins spécialisés et hospitaliers, les patients y récupéreront en qualité de vie, les médecins et soignants en rémunérations et en humanité, ce que perdront les industries médico-hospitalières et pharmaceutiques.

Les projections de la démographie médicale pour les décennies à venir établies par les ministères de la santé sont un modèle du genre mais elles n'envisagent ni l'éventualité ni la possibilité de modifications profondes de la pratique médicale que les pouvoirs publics ont pourtant les moyens de forcer s'ils le jugent opportun.

La rémunération à l'acte dans un système de tiers payant couplée en milieu hospitalier à la mise en commun des honoraires ensuite répartis entre prestataires est un incitant irrépressible à la surproduction et à la surconsommation. Je n'hésite pas à écrire que c'est un financement criminogène des soins de santé. J'ignore qui l'a voulu avec autant de force ni pourquoi mais on doit constater que ce système a fait exploser les coûts au seul profit de la partie marchande du secteur des soins, organisant ainsi la faillite de cet important service public.

Le secteur public doit reprendre la supervision des essais cliniques, forme d'expérimentation humaine qu'il est déraisonnable d'abandonner au privé. Ce contrôle commence par la transparence du financement des essais. Les médecins et infirmières des hôpitaux où ils se déroulent doivent en être informés s'ils le souhaitent, les honoraires générés par ces activités cliniques et de recherche doivent être connus et faire l'objet comme les autres prestations médicales d'une perception centrale des honoraires avec retenue afférente, l'hôpital et tout le personnel à un titre ou l'autre y prenant part. Les résultats quels qu'ils soient doivent être accessibles à tous.

Les essais cliniques sont actuellement opaques, sous influence, commerciaux et financiers plus que scientifiques et intellectuellement honnêtes. Si l'on veut mettre fin à la multiplication des médicaments superflus, inutiles, inefficaces, voire dangereux ainsi qu'à une information médicale laissée au bon vouloir des industriels, il faut que les pouvoirs publics reprennent le contrôle de la situation. Le dernier rapport préliminaire de la Cour des Comptes sur la sécurité sociale en France le démontre amplement (*Le monde*, 12/9/2001).

Enfin, si publier et éditer fait partie d'un droit d'expression infiniment respectable, les travaux aux résultats non reproductibles, les séries de patients chirurgicaux dont sont retirés les décès postopératoires précoces, les complications imprévisibles, les indications jugées *a posteriori* inopportunes, et l'absence quasi systématique même là où ce serait possible de séries témoins qui seraient peu favorables à la promotion du médicament ou de la technique opératoire induisent les praticiens en erreur et multiplient les victimes de la médecine et de la chirurgie.

Bien plus que les cliniciens de terrain inévitablement responsables au cours de leur carrière de fautes ou d'erreurs involontaires, les auteurs peu scrupuleux sont de vrais criminels en blouse blanche car les applications à grande échelle de leurs conclusions peu fiables font infiniment plus de victimes et pourtant, à ma connaissance, ils ne sont jamais poursuivis.

En santé, comme dans l'enseignement, la justice et l'information, il faut maintenir un secteur public fort ou plutôt le recréer tant un libéralisme mal compris ou mal appliqué en a sapé les bases. Nos autorités peuvent et doivent assurer des soins de santé de qualité pour tous en veillant à ce que soit fait l'utile et le nécessaire et en cessant de financer l'inutile, le dangereux et le superflu ; cela, elles peuvent l'abandonner au privé qui fera son profit de victimes consentantes prises en charge par des institutions rentables et des soignants industrieux.

Pour ce qui est des quelques problèmes typiquement belges évoqués dans ce travail, les solutions sont dans les problèmes posés.

Les petites unités de pédiatrie de 15 lits récemment créées doivent être fermées au plus tôt ou portées à un gabarit compatible avec l'exercice d'une pédiatrie hospitalière spécialisée multidisciplinaire de niveau correct.

Les unités les plus petites des institutions fusionnées doivent être converties en MRS, MRSA, garderies de jours pour personnes âgées dépendantes et, dans de rares cas, hôpitaux gériatriques. Les services urgence, dispensaires et policliniques des petits sites défusionnés pourraient être repris par des associations de médecins et extraits du réseau hospitalier.

Quant à la pléthore médicale qui justifie des mesures drastiques et impopulaires parmi les étudiants, je crains qu'elle ne se transforme d'ici dix ans en pénurie. Comme dans d'autres secteurs, il eut été plus raisonnable d'encourager les médecins à cesser leurs activités cliniques à partir de soixante ans plutôt que de restreindre de façon inhumaine l'accès à la profession médicale d'autant que les ministères concernés ne sont d'accord ni sur les chiffres ni sur les prévisions.

Enfin, les pouvoirs publics doivent contrôler effectivement les comités d'éthique et les comités d'hygiène hospitalière. La gestion des RCM au niveau des hôpitaux devrait être confiée à des médecins attachés au ministère de la santé et non plus à des médecins engagés et rétribués par l'institution.

Résumé

Les pouvoirs publics doivent freiner la dérive qui transforme les soins de santé en produit de consommation courante et les centres hospitaliers en grandes surfaces du diagnostic et du traitement.

Il faut rendre au patient par l'éducation et l'information, la maîtrise de son corps. Le passage obligé par le médecin généraliste rétabli dans ses prérogatives protégera le mieux de l'emprise hospitalière et pharmaceutique.

Le consentement éclairé doit s'imposer et hors état de nécessité, conditionner le remboursement de tous les actes.

On parle à tort de pléthore médicale, il y a surtout pléthore de facultés de médecine, d'hôpitaux et de techniques. La médecine humanisée demande beaucoup de personnes de qualité et de temps, son efficacité ne dépend pas que des actes et des médicaments.

L'expérience montre que la rémunération à l'acte dans un système de tiers payant est génératrice d'abus à tous les niveaux et menace un pan essentiel de la sécurité sociale.

Enfin, un contrôle public plus strict s'impose sur le secteur pharmaceutique qui, s'il finance ses propres recherches appliquées, puise aussi sans réserve dans les travaux des laboratoires universitaires financés par la communauté.

La philosophie et la méthodologie des essais cliniques doivent être revues, supervisées, contrôlées par les états ou l'U.E. qui ont en charge la santé des populations et une bonne part des dépenses pharmaceutiques.

Si la pression de l'économie libérale dans le domaine de la santé menace les droits de chacun à l'accès aux soins utiles et nécessaires, il vaut peut-être mieux laisser se développer, à côté d'une médecine non marchande, un commerce médico-chirurgical non subventionné qui révélera son coût, son inhumanité et son inefficacité sur le long terme.

Annexe

DÉCLARATION D'HELSINKI DE L'ASSOCIATION MÉDICALE MONDIALE

Principes éthiques applicables aux recherches médicales sur des sujets humains

Adoptée par la 18e Assemblée générale, Helsinki, juin 1964
Et amendée par les
29e Assemblée générale, Tokyo, Octobre 1975
35e Assemblée générale, Venise, Octobre 1983
41e Assemblée générale, Hong Kong, Septembre 1989
48e Assemblée générale, Somerset West (Afrique du Sud), Octobre 1996
et la 52e Assemblée générale, Edimbourg, Octobre 2000

A. INTRODUCTION

1. La Déclaration d'Helsinki, élaborée par l'Association médicale mondiale, constitue une déclaration de principes éthiques dont l'objectif est de fournir des recommandations aux médecins et autres participants à la recherche médicale sur des êtres humains. Celle-ci comprend également les études réalisées sur des données à caractère personnel ou des échantillons biologiques non anonymes.

2. La mission du médecin est de promouvoir et de préserver la santé de l'être humain. Il exerce ce devoir dans la plénitude de son savoir et de sa conscience.

3. Le Serment de Genève de l'Association médicale mondiale lie le médecin dans les termes suivants : « La santé de mon patient sera mon premier souci » et le Code international d'éthique médicale énonce que « le médecin devra agir uniquement dans l'intérêt de son patient lorsqu'il lui procure des soins qui peuvent avoir pour conséquence un affaiblissement de sa condition physique ou mentale ».

4. Les progrès de la médecine sont fondés sur des recherches qui, in fine, peuvent imposer de recourir à l'expérimentation humaine.

5. Dans la recherche médicale sur les sujets humains, les intérêts de la science et de la société ne doivent jamais prévaloir sur le bien-être du sujet.

6. L'objectif essentiel de la recherche médicale sur des sujets humains doit être l'amélioration des méthodes diagnostiques, thérapeutiques et de prévention, ainsi que la compréhension des causes et des mécanismes des maladies. Les méthodes diagnostiques, thérapeutiques et de prévention, même les plus éprouvées, doivent constamment être remises en question par des recherches portant sur leur efficacité, leur efficience et leur accessibilité.

7. Dans la recherche médicale comme dans la pratique médicale courante, la mise en œuvre de la plupart des méthodes diagnostiques, thérapeutiques et de prévention expose à des risques et à des contraintes.

8. La recherche médicale est soumise à des normes éthiques qui visent à garantir le respect de tous les êtres humains et la protection de leur santé et de leurs droits. Certaines catégories de sujets sont plus vulnérables que d'autres et appellent une protection adaptée. Les besoins spécifiques des sujets défavorisés au plan économique comme au plan médical doivent être identifiés. Une attention particulière doit être portée aux personnes qui ne sont pas en mesure de donner ou de refuser elles-mêmes leur consentement, à celles qui sont susceptibles de donner leur consentement sous la contrainte, à celles qui ne bénéficieront pas personnellement de la recherche et à celles pour lesquelles la recherche est conduite au cours d'un traitement.

9. L'investigateur doit être attentif aux dispositions éthiques, légales et réglementaires applicables à la recherche sur les sujets humains dans son propre pays ainsi qu'aux règles internationales applicables. Aucune disposition nationale d'ordre éthique, légal et réglementaire ne doit conduire à affaiblir ou supprimer les mesures protectrices énoncées dans la présente déclaration.

B. PRINCIPES FONDAMENTAUX APPLICABLES A TOUTE FORME DE RECHERCHE MÉDICALE

10. Dans la recherche médicale, le devoir du médecin est de protéger la vie, la santé, la dignité et l'intimité de la personne.

11. La recherche médicale sur des êtres humains doit se conformer aux principes scientifiques généralement reconnus. Elle doit se fonder sur une connaissance approfondie de la littérature scientifique et des autres sources pertinentes d'information ainsi que sur une expérimentation appropriée réalisée en laboratoire et, le cas échéant, sur l'animal.

12. Des précautions particulières doivent entourer les recherches pouvant porter atteinte à l'environnement et le bien-être des animaux utilisés au cours des recherches doit être préservé.

13. La conception et l'exécution de chaque phase de l'expérimentation sur des sujets humains doivent être clairement définies dans un protocole expérimental. Ce protocole doit être soumis pour examen, commentaires, avis et, le cas échéant, pour approbation, à un comité d'éthique mis en place à cet effet. Ce comité doit être indépendant du promoteur, de l'investigateur ou de toute autre forme d'influence indue. Il doit respecter les lois et règlements en vigueur dans le pays où s'effectuent les recherches. Il a le droit de suivre le déroulement des études en cours. L'investigateur a l'obligation de fournir au comité des informations sur le déroulement de l'étude portant en particulier sur la survenue d'événements indésirables d'une certaine gravité. L'investigateur doit également communiquer au comité, pour examen, les informations relatives au financement, aux promoteurs, à toute appartenance à une ou des institutions, aux éventuels conflits d'intérêt ainsi qu'aux moyens d'inciter des personnes à participer à une recherche.

14. Le protocole de la recherche doit contenir une déclaration sur les implications éthiques de cette recherche. Il doit préciser que les principes énoncés dans la présente déclaration sont respectés.

15. Les études sur l'être humain doivent être conduites par des personnes scientifiquement qualifiées et sous le contrôle d'un médecin compétent. La responsabilité à l'égard d'un sujet inclus dans une recherche doit toujours incomber à une personne médicalement qualifiée et non au sujet, même consentant.

16. Toute étude doit être précédée d'une évaluation soigneuse du rapport entre d'une part, les risques et les contraintes et d'autre part, les avantages prévisibles pour le sujet ou d'autres personnes. Cela n'empêche pas

la participation à des recherches médicales de volontaires sains. Le plan de toutes les études doit être accessible.

17. Un médecin ne doit entreprendre une étude que s'il estime que les risques sont correctement évalués et qu'ils peuvent être contrôlés de manière satisfaisante. Il doit être mis un terme à la recherche si les risques se révèlent l'emporter sur les bénéfices escomptés ou si des preuves consistantes de résultats positifs et bénéfiques sont apportées.

18. Une étude ne peut être réalisée que si l'importance de l'objectif recherché prévaut sur les contraintes et les risques encourus par le sujet. C'est particulièrement le cas lorsqu'il s'agit d'un volontaire sain.

19. Une recherche médicale sur des êtres humains n'est légitime que si les populations au sein desquelles elle est menée ont des chances réelles de bénéficier des résultats obtenus.

20. Les sujets se prêtant à des recherches médicales doivent être des volontaires informés des modalités de leur participation au projet de recherche.

21. Le droit du sujet à la protection de son intégrité doit toujours être respecté. Toutes précautions doivent être prises pour respecter la vie privée du sujet, la confidentialité des données le concernant et limiter les répercussions de l'étude sur son équilibre physique et psychologique.

22. Lors de toute étude, la personne se prêtant à la recherche doit être informée de manière appropriée des objectifs, méthodes, financement, conflits d'intérêts éventuels, appartenance de l'investigateur à une ou des institutions, bénéfices attendus ainsi que des risques potentiels de l'étude et des contraintes qui pourraient en résulter pour elle. Le sujet doit être informé qu'il a la faculté de ne pas participer à l'étude et qu'il est libre de revenir à tout moment sur son consentement sans crainte de préjudice. Après s'être assuré de la bonne compréhension par le sujet de l'information donnée, le médecin doit obtenir son consentement libre et éclairé, de préférence par écrit. Lorsque le consentement ne peut être obtenu sous forme écrite, la procédure de recueil doit être formellement explicitée et reposer sur l'intervention de témoins.

23. Lorsqu'il sollicite le consentement éclairé d'une personne à un projet de recherche, l'investigateur doit être particulièrement prudent si le sujet se trouve vis-à-vis de lui dans une situation de dépendance ou est exposé à donner son consentement sous une forme de contrainte. Il est alors souhaitable que le consentement soit sollicité par un médecin bien informé de l'étude mais n'y prenant pas part et non concerné par la relation sujet-investigateur.

24. Lorsque le sujet pressenti est juridiquement incapable, physiquement ou mentalement hors d'état de donner son consentement ou lorsqu'il s'agit d'un sujet mineur, l'investigateur doit obtenir le consentement éclairé du représentant légal en conformité avec le droit en vigueur. Ces personnes ne peuvent être inclues dans une étude que si celle-ci est indispensable à l'amélioration de la santé de la population à laquelle elles appartiennent et ne peut être réalisée sur des personnes aptes à donner un consentement.

25. Lorsque le sujet, bien que juridiquement incapable (un mineur par exemple), est cependant en mesure d'exprimer son accord à la participation à l'étude, l'investigateur doit obtenir que cet accord accompagne celui du représentant légal.

26. La recherche sur des personnes dont il est impossible d'obtenir le consentement éclairé, même sous forme de procuration ou d'expression préalable d'un accord, ne doit être conduite que si l'état physique ou mental qui fait obstacle à l'obtention de ce consentement est une des caractéristiques requises des sujets à inclure dans l'étude. Les raisons spécifiques d'inclure des sujets dans une étude en dépit de leur incapacité à donner un consentement éclairé doivent être exposées dans le protocole qui sera soumis au comité pour examen et approbation. Le protocole doit également préciser que le consentement du sujet ou de son représentant légal à maintenir sa participation à l'étude doit être obtenu le plus rapidement possible.

27. Les auteurs et les éditeurs de publications scientifiques ont des obligations d'ordre éthique. Lors de la publication des résultats d'une étude, les investigateurs doivent veiller à l'exactitude des résultats. Les résultats négatifs aussi bien que les résultats positifs doivent être publiés ou rendus accessibles. Le financement, l'appartenance à une ou des institutions et les éventuels conflits d'intérêt doivent être exposés dans les publications. Le compte rendu d'une étude non conforme aux principes énoncés dans cette déclaration ne doit pas être accepté pour publication.

C. PRINCIPES APPLICABLES A LA RECHERCHE MÉDICALE CONDUITE AU COURS D'UN TRAITEMENT

28. Le médecin ne peut mener une recherche médicale au cours d'un traitement que dans la mesure où cette recherche est justifiée par un possible intérêt diagnostique, thérapeutique ou de prévention. Quand la recherche est associée à des soins médicaux, les patients se prêtant à la recherche doivent bénéficier de règles supplémentaires de protection.

29. Les avantages, les risques, les contraintes et l'efficacité d'une nouvelle méthode doivent être évalués par comparaison avec les meilleures méthodes diagnostiques, thérapeutiques ou de prévention en usage. Cela n'exclut ni le recours au placebo ni l'absence d'intervention dans les études pour lesquelles il n'existe pas de méthode diagnostique, thérapeutique ou de prévention éprouvée.

30. Tous les patients ayant participé à une étude doivent être assurés de bénéficier à son terme des moyens diagnostiques, thérapeutiques et de prévention dont l'étude aura montré la supériorité.

31. Le médecin doit donner au patient une information complète sur les aspects des soins qui sont liés à des dispositions particulières du protocole de recherche. Le refus d'un patient de participer à une étude ne devra en aucun cas porter atteinte aux relations que le médecin entretient avec ce patient.

32. Lorsqu'au cours d'un traitement, les méthodes établies de prévention, de diagnostic ou de thérapeutique s'avèrent inexistantes ou insuffisamment efficaces, le médecin, avec le consentement éclairé du patient, doit pouvoir recourir à des méthodes non éprouvées ou nouvelles s'il juge que celles-ci offrent un espoir de sauver la vie, de rétablir la santé ou de soulager les souffrances du malade. Ces mesures doivent, dans toute la mesure du possible, faire l'objet d'une recherche destinée à évaluer leur sécurité et leur efficacité. Toute nouvelle information sera consignée et, le cas échéant, publiée. Les autres recommandations appropriées énoncées dans la présente déclaration s'appliquent.

Glossaire, expressions et articles de lois utiles à la compréhension du texte

Accréditation : modalités selon lesquelles les médecins doivent faire la preuve de la mise à jour de leur compétence professionnelle.

Actuariel : relatif aux techniques appliquant les méthode statistiques et les calculs des probabilités.

Alicaments : aliments auxquels ceux qui les commercialisent attribuent des vertus thérapeutiques.

Ambulatoire : qui ne nécessite pas d'hospitalisation.

Antiagrégants : médicaments qui réduisent la tendance des composants du sang à s'agglomérer et à former des caillots.

Art. 1382. Tout fait quelconque de l'homme, qui cause à autrui un dommage, oblige celui par la faute duquel il est arrivé, à le réparer.

Art. 1383. Chacun est responsable du dommage qu'il a causé non seulement par son fait, mais encore par sa négligence ou par son imprudence.

Art. 1384. On est responsable non seulement du dommage que l'on cause par son propre fait, mais encore de celui qui est causé par le fait des personnes dont on doit répondre, ou des choses que l'on a sous sa garde.

Art. 1147. Le débiteur est condamné, s'il y a lieu, au payement de dommages et intérêts, soit à raison de l'inexécution de l'obligation, soit à raison du retard dans l'exécution, toutes les fois qu'il ne justifie pas que l'inexécution provient d'une cause étrangère qui ne peut lui être imputée, encore qu'il n'y ait aucune mauvaise foi de sa part.

Asymptomatique : lésion qui ne donne lieu à aucun signe sensible ou apparent.

Autosuture : technique permettant le rétablissement de la continuité d'un conduit naturel, intestin, bronche, vaisseau, par agrafage mécanique rapide ; également exclusion par agrafage d'un conduit du même type ainsi rendu définitivement borgne.

Biotechnologique : qui recourt aux techniques développées à partir de la recherche fondamentale en biologie et génétique et s'applique maintenant au développement de produits nouveaux à usage industriel : fabrication d'antibiotiques, d'insuline, d'interferon, d'agents de biodégradation, etc.

Blockbuster : médicament garantissant un chiffre d'affaires annuel supérieur à 1 milliard de dollars.

Brevet de médecine aiguë (BMA) : compétence qui peut être acquise par un médecin généraliste ou spécialiste moyennant 120 heures de formation théorique et pratique organisées par un hôpital universitaire, 240 heures de stages réparties sur deux ans effectuées dans un service agréé, enfin 10 interventions extrahospitalières à caractère vital sur un service mobile d'urgence. Cette compétence suppose donc au minimum deux années de formation.

Cause du dommage : la théorie de causalité est celle de l'équivalence des conditions c'est-à-dire que chacune des conditions est équivalente aux autres et pour qu'un fait dommageable soit considéré comme causal, il faut et il suffit qu'il soit une condition *sine qua non* d'exécution de ce dommage.

Code Civil : ensemble de la plupart des dispositions légales qui régissent les rapports privés entre les individus.

Code Pénal : ensemble de dispositions légales qui répriment les infractions, les comportements interdits.

Conférences de consensus ou guidelines : elles définissent à un moment et en un lieu donnés la meilleure attitude à adopter face à un problème médical défini : un infarctus du myocarde, une pancréatite, un accident vasculaire cérébral, etc.

Consentement libre et éclairé : le consentement doit être donné par le patient dans un état normal après avoir reçu une information simple, intelligible et loyale concernant le diagnostic, le pronostic et le traitement ainsi que les risques courus, le résultat prévisible et la durée de la thérapeutique.

Crime : un acte est criminel lorsqu'il offense les lois de la société dans laquelle on vit. Ce ne sont pas les caractères de l'acte qui en font un crime mais les jugements qu'une société donnée à un moment donné de son histoire porte sur cet acte.
Au plan juridique, le crime est l'infraction la plus grave après la contravention et le délit.

Criminaliser : donner à des faits une qualification pénale.

Criminologie : étude de l'acte criminel, de celui qui le commet et de la victime ainsi que de la prévention et du traitement des phénomènes criminels.

Coelioscopie ou laparoscopie : voir et éventuellement travailler à l'intérieur de la cavité abdominale par de petits orifices multiples en insufflant du CO_2 pour séparer les organes et se donner du recul. Les progrès de l'optique et de l'instrumentation ont fait de cette technique le *gold standard* ou norme de beaucoup d'interventions abdominales autrefois réalisées par laparatomie c'est-à-dire ouverture chirurgicale plus ou moins large de la cavité abdominale.
Selon la cavité concernée, on parlera de thoracoscopie, arthroscopie..., et pour toute autre cavité fermée préexistante ou néoformée par la maladie ou l'opérateur, on parlera selon les cas de rétro-péritonéoscopie, axilloscopie, péricardoscopie, etc.

Dépistage : recherche d'une maladie dans un groupe d'êtres humains répondant à certains critères.

Embolie pulmonaire : migration d'un caillot habituellement formé dans une veine profonde en direction du cœur droit puis vers l'artère pulmonaire ou l'une de ses branches.

Emboligène : trouble de la fonction cardiaque ou de la coagulation du sang qui favorise la formation de caillots dans les ventricules droit et gauche du cœur susceptibles de migrer vers les poumons à partir du ventricule droit via l'artère pulmonaire et par l'aorte vers n'importe quelle artère à partir du ventricule gauche.

Endoscopie : voir et éventuellement travailler à l'intérieur d'une cavité naturelle communiquant avec l'extérieur : gastroscopie, cystoscopie, colonoscopie, hystéroscopie, etc.

Epidémiologie : étude des rapports existant entre les maladies et divers facteurs, modes de vie, milieux, susceptibles d'exercer une influence sur leur fréquence, leur distribution, leur évolution.

Etat de nécessité : lorsque le médecin se doit d'agir au plus vite, cas de force majeure où tout atermoiement serait assimilable à non-assistance à personne en danger.

Ethique : l'art de diriger la conduite ; bioéthique quand cela concerne les sciences de la vie.

Fast track : voie rapide pour l'agrément d'un médicament permettant de court-circuiter tout ou partie des essais cliniques et des démarches administratives.

Fibrinolyse : traitement intra-vasculaire visant à faire fondre un caillot qui obstrue malencontreusement un vaisseau sanguin.

Fistule vésico-vaginale : nécrose de la paroi entre la vessie et le vagin secondaire à des accouchements difficiles souvent chez de très jeunes femmes des milieux les plus pauvres de pays défavorisés. L'incontinence des urines est totale et permanente. Plus graves encore sont les fistules recto-vésico-vaginales transformant vagin, vessie et rectum en un cloaque incontinent.

Etiologie : étude des causes des maladies.

Gastroplastie : intervention chirurgicale modifiant l'anatomie de l'estomac afin de réduire sa capacité et induire une perte de poids. Cette chirurgie majeure aux indications exceptionnelles a été inopportunément banalisée, elle transforme les obèses qui en bénéficient en infirmes gastriques dénutris.

Générique : médicament dont le brevet est tombé dans le domaine public, donc généralement moins cher et sans nom de marque protégé. Actuellement, 20 ans après sa mise sur le marché.

Gold standard : traitement idéal du moment pour une affection déterminée, par exemple jusqu'au début des années 90, le gold standard du traitement de la lithiase vésiculaire était la cholecystectomie par laparatomie, ce l'est maintenant par laparoscopie.

Iatrogène : qui est provoqué par le traitement médical.

Intensiviste : titre attribué à certaines catégories de spécialistes après deux années de formation complémentaire en réanimation et soins intensifs. Après l'obtention du titre de médecin, huit années de formation complémentaire sont donc nécessaires pour accéder au titre d'intensiviste.

Interventionnel : se dit d'un examen invasif à visée diagnostique au cours duquel on peut poser un geste thérapeutique : dilatation, exérèse, réparation.

Invasif : technique qui nécessite la pénétration dans un vaisseau (artère-veine) ou une cavité (pleurale-péritonéale) existante ou néoformée par insufflation d'un gaz entre deux plans anatomiques normalement acollés, par exemple rétropneumopéritoine.

Jurisprudence : Décisions suffisamment concordantes rendues par une juridiction sur une question donnée pour qu'elles deviennent par la suite une référence en droit.

Médecine factuelle ou Evidence Based Medecine (EBM) : la médecine basée sur les faits. Elle a toujours existé comme Monsieur Jourdain qui faisait de la prose sans le savoir mais le volume et la qualité de l'information médicale disponible (base de données) permettent d'affiner les choix diagnostiques et thérapeutiques. Par exemple, choisir la meilleure proposition de traitement pour une dame de 80 ans en bonne santé porteuse d'un anévrisme fusiforme de l'aorte abdominale de 50 millimètres de diamètre ou encore le meilleur traitement pour une claudication intermittente de 200 mètres à plat chez un fumeur de 50 ans en bon état général.

Médecine prédictive : qui permet de dire sur base de l'hérédité, de l'anamnèse, de l'examen clinique et de l'environnement à quelles affections la personne est le plus exposée.

Morbidité : complication d'une maladie ou d'un traitement qui compromet la guérison ou aggrave la situation sans entraîner le décès.

Münchausen (Syndrome de) : imitation des signes d'une maladie chez un patient errant d'hôpital en hôpital en quête de traitement. Ce syndrome peut exister par procuration lorsqu'un parent conduit son enfant d'hôpital en hôpital en lui ayant préalablement inculqué quelques signes cliniques d'appendicite par exemple.

Mutuelles : sociétés qui, par les cotisations de leurs membres, permettent à chacun d'eux, en cas de nécessité, de faire face à des besoins imprévus qu'ils ne seraient pas en mesure d'assurer seuls.

Normocoagulation : rendre au sang ses qualités de coagulation normales quand il est hypercoagulable ; ce qui est souvent le cas lors d'alitement prolongé ou dans des suites opératoires. L'anticoagulation rend, elle, le sang incoagulable. On y recourt le plus souvent dans des conditions où la circulation est localement interrompue, par exemple lors du clampage d'une artère.

Nosocomiales (infections) : infections qui se répandent dans les hôpitaux où elles sont favorisées par la résistance des germes aux antibiotiques de base et par l'absence de résistance immunitaire de nombreux patients.

Obligation de moyens : obligation de se doter des meilleurs moyens d'obtenir le résultat escompté mais sans garantir la guérison ou l'amélioration.

Obligation de résultat : obligation d'obtenir le résultat escompté. Raisonnablement exigible lorsqu'il s'agit de l'ablation d'un organe et non d'un autre, déraisonnable lorsqu'il s'agit d'obtenir à coup sûr la guérison d'une affection.

Orthotanasie : la mort n'étant sans doute pas une partie de plaisir, en tout cas nul n'en est revenu pour nous le faire savoir, il me semble plus judicieux de parler d'orthotanasie ou mort correcte plutôt que d'euthanasie ou bonne mort.

Pacemaker : pile de stimulation placée sous la peau et reliée par des sondes aux parois cardiaques pour entraîner et régulariser les contractions du cœur.

Perte d'une chance : la théorie de la perte d'une chance constitue un palliatif en cas de doute sur l'existence d'un lien de causalité. On peut prétendre que la faute ou l'erreur du médecin par action ou par omission de même qu'un éclairage inapproprié du consentement ont diminué les chances de guérison et qu'il y a lieu à responsabilité dans le chef du médecin. La perte de chance représente un pourcentage du dommage subi établi sur base de la probabilité de survenue de l'événement.

Pharmaceutique : qui relève de l'art de préparer, de conserver, de conditionner et de distribuer les médicaments. Ce secteur utilise plutôt des composants chimiques.

Pharmacocynétique : concerne la vie du médicament à l'intérieur du corps, de son introduction à son élimination ou à sa métabolisation complète.

Pharmacovigilance : surveillance des effets indésirables des médicaments, parfois appelée stade 4 des essais cliniques. Certains effets des médicaments sont tellement exceptionnels que la pharmacovigilance doit rester constante.
La pharmacovigilance est d'un grand intérêt pour l'industrie pharmaceutique car elle peut révéler des effets collatéraux inattendus qui rendent une nouvelle vie commerciale à un produit sur le point de devenir générique.

Pipe lines : expression évoquant des filons gorgés de molécules originales à haut potentiel thérapeutique et commercial - clientèle nombreuse et opulente - par analogie avec l'industrie pétrolière.

Prévention : ensemble de mesures prises contre certains risques. Prévention des accidents du travail, des accidents de roulage, des maladies professionnelles, des épidémies...

Pro-activité : intervenir avant que cela ne paraisse nécessaire.

Prophylaxie : méthode visant à prévenir une maladie : asepsie, désinfection, vaccination.

Résumé clinique minimum. Résume de façon anonyme les pathologies présentées par le patient et les interventions ou techniques spéciales dont il bénéficie durant son séjour à l'hôpital. Toutes ces informations sont codifiées selon la dernière version de la classification internationale des maladies (ICD9CM); elles sont envoyées chaque fin de semestre au Ministère de la Santé Publique.

Renversement de la charge de la preuve : au lieu qu'il appartienne au demandeur (plaignant, patient) d'apporter la preuve de quelque chose, par exemple du consentement, cela incombe au défendeur (médecin).

Responsabilité à base de faute : dans cette conception, la responsabilité d'une personne qui cause un dommage à autrui n'est engagée que si cette personne a commis une faute.

Responsabilité sans faute : dans cette conception, une personne peut être tenue pour responsable d'un dommage qui s'est réalisé sans sa faute. En vertu de cette théorie, seul un fait suffit pour créer l'obligation de réparer le dommage, sans que l'on doive rechercher si ce fait est dû à une faute de l'agent.
La responsabilité sans faute justifierait la notion de risque : tout homme doit être responsable du risque qu'il crée par son activité, ainsi, lorsqu'il prend le volant, il crée un risque, même s'il n'a commis aucune faute dans l'exercice de cette activité.
On peut objecter que la responsabilité à base de risque décourage l'activité humaine. A cela, on répond que la pratique de plus en plus généralisée de l'assurance rend possible un tel système parce qu'elle fournit le moyen de se garantir des conséquences dommageables des actes de la vie et de répartir sur un grand nombre de personnes le poids du dommage. Ainsi, le Canada et certains états américains ont adopté le principe de la responsabilité sans faute pour les accidents de circulation. En Belgique, dans certains secteurs à risques extraordinaires, le législateur a établi une responsabilité sans faute, par exemple dans le domaine de l'énergie nucléaire.
(Notes de cours du droit de la responsabilité civile et des assurances de Mme M. Vanwijck-Alexandre, Professeur à l'Université de Liège.)

Risk Management : gestion étudiée pour prévenir au maximum les erreurs, accidents, dysfonctionnements ainsi que les complications et plaintes susceptibles d'en résulter, cela tant au niveau du patient, des ressources humaines, de la technique et des locaux.

Scopie : c'est le fait de regarder avec une optique à lumière froide dans une cavité anatomique ou un viscère. Par exemple, cystoscopie : regarder dans la vessie, gastroscopie : regarder dans l'estomac, colonoscopie : regarder dans le gros intestin, etc.

Sécurité sociale : système de mutualisation des risques sociaux par voie fiscale ou/et parafiscale étendu à l'ensemble de la société.

Somatisation : exprime par des plaintes objectives ou des maladies bien réelles : asthme, ulcère gastrique, etc. des problèmes psychologiques profonds insurmontables.

Spin off : une nouvelle entreprise émanant d'une université, dérivée de connaissances qui s'y développent et ayant pour objectif la commercialisation de ce nouveau savoir faire. Elle est indépendante de l'université et s'organise de façon autonome.
On peut considérer qu'elle rentabilise au bénéfice de quelques-uns les connaissances développées par les universités grâce à la contribution de tous.

Stomathérapie : tout ce qui a trait à l'appareillage et aux soins des orifices non naturels créés par la maladie ou son traitement : anus iliaque, uretère à la peau, fistules digestives...

Thérapie génique : technologie consistant à éliminer la cause d'une maladie en remplaçant un gène malade ou endommagé.

Tomie : ouverture chirurgicale du corps : laparotomie : ouvrir l'abdomen, thoracotomie : ouvrir le thorax ou d'un viscère : gastrotomie : ouvrir l'estomac, artériotomie : ouvrir une artère, craniotomie : pratiquer un trou de trépan dans la boîte crânienne, etc.

Urgentiste : titre attribué à certaines catégories de spécialistes après deux années de formation complémentaire en médecine d'urgence et de catastrophe. A partir de l'obtention du titre de médecin, huit années de formation complémentaire sont donc nécessaires pour accéder au titre d'urgentiste.

Victimologie : étude de la victime dans le phénomène criminel, de son rôle, de la réparation de son préjudice et de la prévention de la victimisation.

Acronymes

AGCS : Accord général sur le commerce des services
BMA : Brevet de médecine aiguë
CEL : Comité d'éthique Local
CHH : Comité d'hygiène hospitalière
CHR : Centre Hospitalier Régional
CHU : Centre Hospitalier Universitaire
DRG : *Diagnosis Related Group*
EBM : *Evidence Based Medecine*
FDA : *Food and Drugs Administration*
GATT : Accord général sur les tarifs douaniers et le commerce
GLEM : Groupes locaux d'évaluation de la médecine
ICD-9-CM : *International Classification of Deseas*-9e Section-Classification des Maladies
IND : *Investigational New Drug Applications*
IVG : Interruption volontaire de grossesse
NDA : *New Drug Application*
OMC : Organisation mondiale du commerce
ORD : Organe de règlement des différends
RCM : Résumé clinique minimum

SAMU : Service d'aide médicale urgente
SAR : *Standard Admission Ratio*
SMUR : Service mobile d'urgence et réanimation
USCSI : *United States Commistion of Services Industries*
VIM : Véhicule d'Intervention Médicalisé

Bibliographie

1. KELLENS G. (1998), *Eléments de Criminologie*, Bruylant.
2. PICCA G. (2000), *La criminologie*, PUF (coll. «Que sais-je?»).
3. FATTAH E.A. (1997), *Criminology : Past, Present and Future. A Critical Review*, Mc Millan.
4. FILIZZOLA G. et LOPEZ D. (1995), *Victimes et victimologie*, PUF (coll. «Que sais-je?»).
5. FATTAH E.A. (1971), *La victime est-elle coupable?*, Presses de l'Université de Montréal.
6. FATTAH E.A. (1989), *The Plight of Victims in Modern Society*, Mc Millan.
7. CONSEIL MEDICAL, *Analyse des Procès-Verbaux des réunions de Conseil Médical d'un Hôpital Général de 1978 à 1996*.
8. JESILOW P., PONTEIL H.N. et GEILS G. (1989), *Prescription for Profit. How Doctors Defraud Meicaid*, The University of California Press.
9. LEMAITRE A. (1999), *Notes du cours de prophylaxie criminelle*, Ecole de criminologie de l'Université de Liège.
10. MESSICA O. (2000), «Syndrome de Münschausen», *Revue de la Littérature*, Thèse de la Faculté de Médecine de Marseille.
11. RICHARD G. (1992), *L'histoire inhumaine. Massacres et génocides des origines à nos jours*, Armand Colin.
12. BENOIT-BROWAYES D. (1995), *La bioéthique*, Les essentiels milan.
13. BADOU G. (1994), *Le corps défendu. Quand la médecine dépasse les bornes*, J.C. Lattès.
14. PAPART J.P., CHASTENAY P. et FOIDEVAUX D. (1999), «Biotechnologies à l'usage des riches. Marchandisation du vivant», *Le Monde Diplomatique*, mars.
15. SINGER P. (1997), *Questions d'éthique pratique*, Editions Bayard.
16. BERRISCH F. (1994), «Le rôle des comités d'éthique dans l'expérimentation médicale sur l'homme», *Journal des Tribunaux*, septembre, Editions Lacier, n° 5726 : 561-567.
17. AUFFRAY C. (1996), *Le génome humain*, Dominos-Flammarion.

18. HOUDEBINE L.M. (1996), *Le génie génétique, de l'animal à l'homme ?*, Dominos-Flammarion.
19. THEBAUD-MONDY A. (1999), «Vers la sélection génétique des travailleurs», *Le Monde Diplomatique*, avril.
20. MEYER Ph. (1998), *Leçons sur la vie, la mort et la maladie*, Hachette.
21. ILLICH I. (1999), «L'obsession de la santé parfaite», *Le Monde Diplomatique*, mars.
22. BOURGOIGNIE T. (1998), «L'approche par le droit de la consommation : le patient en tant que consommateur», *Revue de droit de la santé*, mai-juin, Mys en Breesch uitg. : 480-485.
23. ILLICH I. (1981), *Nemesis médicale*, Le Seuil (coll. «Points», n° 122).
24. BULARD M. (2000), «Les firmes pharmaceutiques organisent l'apartheid sanitaire», *Le Monde Diplomatique*, janvier.
25. PECOUL B., CHIRAC P., TEROUILLER P. et PINELM J. (1999), Access to Essential Drugs in Poor Countries. A Lost Battle ?, Jama, vol. 281, n° 4 : 361-367.
26. McKEE M. (1999), «Tripping over TRIPS. A Court Battle in South Africa over AIDS Drug Imports Could Threaten a Most Comprehensive Multitateral Trade Agreement on IP Rights to Date IP Magazine», *The Magazine of Law and Policy for High Technology*, September.
27. Ph. RMA (1999), *Issues and Policy. News Releses and Statements. Drug Compagnies Suspend Action Against South African Law*, September.
28. BHATIASEVI A., *HIV.AIDS : Efforts to End Monopoly on Costly Drugs. Pressure Groups in Talk With Law Body*, Bangkok Post, Thaïland, 11/10/1999.
29. MSF (1999), *Health Action International. Consumer Project on Technology : Open Letter to the WTO Membres Countries on TRIPS and Access to Health Care Technology*.
30. Rapport sur le projet d'hôpital Roi Faycal à Kigali. Personnel.
31. Ministre de la protection de la consommation, de la santé publique et de l'environnement, *Lettre aux médecins et pharmaciens concernant : extraits de plantes chinoises et complications uronéphrologiques* en date du 13/3/2000.
32. VANHERWEGHEM J.L. (2000), Nephropathy and Herbal Medicine, *Am. J. Kidney Dis.*, 35 : 330-332.
33. LEMOINE P. (1996), *Le mystère du placebo*, Odile Jacob.
34. «Arrêté Royal du 31 mai 1989 précisant la description d'une fusion d'hôpitaux et des normes particulières qu'il doit respecter», *Moniteur Belge*, 5 juillet 1989.
35. *Mémento du médecin hospitalier* (1998), Kluwer Editorial.
36. DERCQ J.P., *Note sur les services de stage et les hôpitaux fusionnés*.
37. MOSSE P. (1997), *Le lit de Procuste. L'hôpital : impératifs économiques et missions sociales*, Erès.
38. VANSWEEVELT Th. (1996), *La responsabilité civile du médecin et de l'hôpital*, Bruylant.
39. «Arrêté Royal portant fixation des normes auxquelles les hôpitaux et leurs services doivent répondre, modifié par l'A.R. du 29 avril 1999», *Moniteur Belge*, 6 octobre 1999.
40. VINCENT C. (1995), *Clinical Risk Management*. BMJ publ.
41. KASSIRER J.P. (1999), «Good bye, for now», *The NEJM*, 8/26.
42. ANGELL M., «The Journal and its Owner. Resolving the Crises», *The NEJM*, 9/2/1999.
43. BRENNAN T.A. (1999), «Proposed Revisions to the Declaration of Helsinki», *The NEJM*, vol. 341, n° 7 : 531-534.
44. LEVINE R.J. (1999), «The Needs to Revise the Declaration of Helsinki», *The NEJM*, vol. 341, n° 7 : 531-534.

45. Bulletin du Conseil National de l'Ordre des Médecins, 10/3/1994.
46. *Demandes d'avis au comité d'éthique.* Doc. Personnels.
47. LACOMBE D. et MEUNIER F. (1998), «Patients Right : the Specificity and Requirements of High Quality Clinical Research and its Impact on Patient - Doctor Communication», *Revue de droit de la santé*, Mai-juin : 405-409.
48. POHIER J. (1998), *La mort opportune. Les droits des vivants sur la fin de leur vie*, Seuil.
49. JACCARD R. et THEVOZ M. (1992), *Manifeste pour une mort douce*, Grasset (coll. «Livre de Poche».
50. HUBAUX J.M. (1998), *Les droits et obligations du patient*, Bruylant.
51. HOERNI B. et SAURY R. (1998), *Le consentement : informations, autonomie et décision en médecine*, Masson.
52. MANAÏ D. (1999), *Les droits du patient face à la médecine contemporaine*, Helbing et Lichtenhohn.
53. ASBL Editions du Jeune Barreau de Liège (1993), *Les frontières juridiques de l'activité médicale.*
54. NICOLAS G. (1996), *La responsabilité médicale*, Dominos-Flammarion.
55. INAMI (1999), *Rapport PEERS.*
56. SUY R. (1995), *Exposé de clôture*, Symposium chirurgie vasculaire, Genval, 9/12.
57. GILLET P. (2000), Medical Practice Variability, Source d'inefficience? Exposé CHBAH, 20/3/2000.
58. SCHNEIDER C.B. (1991), *Regards discrets et indiscrets sur le médecin*, Masson.
59. HAMON H. (1994), *Nos médecins*, Seuil.
60. Documents personnels 84.86 sur les négociations de statuts de «faux indépendants» imposés à la majorité des médecins hospitaliers salariés en Communauté française de Belgique pour réduire les charges sociales des hôpitaux.
61. SILVERMAN E.M., SKINNER J.S. et FISHER E.S. (1999), «The Association between Fort Profit Hospital Ownerschip and Increased Medicare Spending», *NEJM*, vol. 341, n° 6 : 420-425.
62. de MAILLARD J. (1994), *Crimes et lois*, Dominos-Flammarion.
63. de MAILLARD J. (1998), *Un monde sans lois. La criminalité financière en image*, Stock.
64. BROAD W. et WADE N. (1987), *La souris truquée. Enquête sur la fraude scientifique*, Seuil.
65. SIMOENS-DESMET A., «Présentation et analyse des résultats de l'enquête des hôpitaux», *Revue de droit de la santé*, 2000-2001, n° 2 : 74-77.
66. HANNOSSET E., «Réflexions critiques sur l'évolution de quelques questions de droit médical», *Revue de droit de la santé*, 2000-2001, n° 2 : 124-138.
67. VANSWEEVELT Th. et FAGNART J.L., «Projet du groupe de travail interuniversitaire», *Revue de droit de la santé*, 2000-2001, n° 2 : 170-172.
68. PICQUE C., *Projet de lois sur la responsabilité sans faute.*
69. BOGAERT J. et PINCE H., *RCM 1996 en images*, Ministère des Affaires sociales, de la Santé publique et de l'Environnement.
70. MUYLAERT P., CORDEEL L., LUST A., DUSESOI J., CALLENS S., DRUART M.L., SQUIFFLET J.P., BAJM de MOL et SUY R. (2000), «Informed Consent», *Acta Chirurgica Belgica*, n° 4 : 149-184.
71. MICHEL L.A.(2001), «Evidence Based Medicine. Cost Containment, Care effectiveness», *Acta Chirurgica Belgica*, n° 3 : 95-100.
72. SCHEEN A.J. et KULBERTUS H. (2001), «Exercice physique : du meilleur au pire», *Revue Médicale de Liège*, vol. 56, numéro spécial, n° 4.

73. ADMD, Association pour le droit de mourir dans la dignité. Rue du Président 55, Bruxelles, B-1050.
74. ELIAS N. (1987), *La solitude des mourants*, Christian Bourgeois.
75. DESPRET V. (2001), *L'objectivité : contrainte sur les objets ou contrainte sur les sujets?*, Exposé présenté au colloque de l'Evidence Based Medicine. M. Quinonez. Centre Hospitalier du Bois de l'Abbaye à Seraing, B-4100.
76. BACH P.B. *et al.* (2001), « The Influence of Hospital Volume on Survival after Resection for Lung Cancer », *NEJM*, vol. 345, n° 3 : 181-188.
77. DAVIDOFF F. *et al.* (2001), « Sponsorships, Authorship and Accountability », *NEJM*, vol. 345, n° 11 : 825-827.

Table des matières

PRÉFACE 5

AVANT-PROPOS 7

INTRODUCTION 11

Chapitre 1
LA VICTIMISATION DANS LE TEMPS, DANS L'ESPACE
ET SELON LE MILIEU

1. Historiquement 19

2. Individuellement 21

3. La géopolitique de la santé 27

4. La victimisation selon les revenus 30

Chapitre 2
COMMENT ON DEVIENT VICTIME

1. Le patient 35

2. Médecins, paramédicaux et hôpitaux 36
2.1. Médecins 36
2.2. Infirmie(è)r(e)s 38
2.3. Proactivité 39
2.4. Offre hospitalière et fusions 41
2.5. Abondance de l'offre et précipitation des décisions thérapeutiques ... 42

3. Les soins de santé de moins en moins un service public	43
3.1. Amortissement des investissements	43
3.2. Ingénierie hospitalière	44
Rentabilisation des lits	
Médecine défensive	
Résumé clinique minimum	
Hospitalisation de jour	
3.3. Les ouvertures de services pour raisons financières	48
3.4. Les services d'urgence	49
Les hôpitaux	
Les médecins généralistes	
Les patients	
3.5. Les dispensaires de soins	51
4. La croissance des infections nosocomiales	52
5. Une industrie pharmaceutique tentaculaire	55
6. Les comités d'éthique locaux	63
7. Les multinationales de l'industrie de la santé vues par le patient ou l'investisseur	71
8. Le monde politique et les soins de santé	78
9. Rentabilisation de la fin de vie	82

Chapitre 3
VICTIMISATION ET RESPONSABILITÉ MÉDICALE

1. Victimisation individuelle primaire et secondaire et responsabilité médicale	85
2. Victimisation tertiaire et responsabilité de la société	89

Chapitre 4
COMMENT PRÉVENIR LA VICTIMISATION

1. Affranchir les soins de santé de la loi du marché	97
2. Développer l'éducation du patient	98
3. Replacer la médecine de première ligne à la première place et adapter la formation des médecins	98
4. Revenir au consentement éclairé, apprendre à éclairer le consentement et réapprivoiser la mort	103
5. Imposer la rigueur scientifique et introduire plus d'éthique dans la recherche médicale	114

CONCLUSIONS	117
RÉSUMÉ	123
ANNEXE	125
GLOSSAIRE	131
ACRONYMES	139
BIBLIOGRAPHIE	141

CHEZ LE MÊME ÉDITEUR

PSYCHOLOGIE ET SCIENCES HUMAINES
collection publiée sous la direction de MARC RICHELLE

1 Dr Paul Chauchard : LA MAITRISE DE SOI. 9e éd.
7 Paul-A. Osterrieth : FAIRE DES ADULTES. 21e éd.
9 Daniel Widlöcher : L'INTERPRETATION DES DESSINS D'ENFANTS. 13e éd.
11 Berthe Reymond-Rivier : LE DEVELOPPEMENT SOCIAL DE L'ENFANT ET DE L'ADOLESCENT. 13e éd.
22 H.T. Klinkhamer-Steketée : PSYCHOTHERAPIE PAR LE JEU. 4e éd.
24 Marc Richelle : POURQUOI LES PSYCHOLOGUES? 6e éd.
25 Lucien Israel : LE MEDECIN FACE AU MALADE. 5e éd.
26 Francine Robaye-Geelen : L'ENFANT AU CERVEAU BLESSE. 2e éd.
27 B.F. Skinner : LA REVOLUTION SCIENTIFIQUE DE L'ENSEIGNEMENT. 3e éd.
29 J.C. Ruwet : ETHOLOGIE : BIOLOGIE DU COMPORTEMENT. 3e éd.
38 B.-F. Skinner : L'ANALYSE EXPERIMENTALE DU COMPORTEMENT. 2e éd.
40 R. Droz et M. Rahmy : LIRE PIAGET. 7e éd.
42 Denis Szabo, Denis Gagné, Alice Parizeau : L'ADOLESCENT ET LA SOCIETE. 2e éd.
43 Pierre Oléron : LANGAGE ET DEVELOPPEMENT MENTAL. 2e éd.
45 Gertrud L. Wyatt : LA RELATION MERE-ENFANT ET L'ACQUISITION DU LANGAGE. 2e éd.
49 T. Ayllon et N. Azrin : TRAITEMENT COMPORTEMENTAL EN INSTITUTION PSYCHIATRIQUE
52 G. Kellens : BANQUEROUTE ET BANQUEROUTIERS
55 Alain Lieury : LA MEMOIRE
58 Jean-Marie Paisse : L'UNIVERS SYMBOLIQUE DE L'ENFANT ARRIERE MENTAL
59 Jacques Van Rillaer : L'AGRESSIVITE HUMAINE
61 Jérôme Kagan : COMPRENDRE L'ENFANT
62 Michel S. Gazzaniga : LE CERVEAU DEDOUBLE
64 X. Seron, J.L. Lambert, M. Van der Linden : LA MODIFICATION DU COMPORTEMENT
65 W. Huber : INTRODUCTION A LA PSYCHOLOGIE DE LA PERSONNALITE. 7e éd.
66 Emile Meurice : PSYCHIATRIE ET VIE SOCIALE
67 J. Château, H. Gratiot-Alphandéry, R. Doron et P. Cazayus : LES GRANDES PSYCHOLOGIES MODERNES
68 P. Sifnéos : PSYCHOTHERAPIE BREVE ET CRISE EMOTIONNELLE
69 Marc Richelle : B.F. SKINNER OU LE PERIL BEHAVIORISTE
70 J.P. Bronckart : THEORIES DU LANGAGE
71 Anika Lemaire : JACQUES LACAN. 8e éd. revue et augmentée.
72 J.L. Lambert : INTRODUCTION A L'ARRIERATION MENTALE
73 T.G.R. Bower : DEVELOPPEMENT PSYCHOLOGIQUE DE LA PREMIERE ENFANCE. 4e éd.
74 J. Rondal : LANGAGE ET EDUCATION
75 Sheila Kitzinger : PREPARER A L'ACCOUCHEMENT
76 Ovide Fontaine : INTRODUCTION AUX THERAPIES COMPORTEMENTALES
77 Jacques-Philippe Leyens : PSYCHOLOGIE SOCIALE. nouvelle édition 1997
78 Jean Rondal : VOTRE ENFANT APPREND A PARLER 3e éd.
79 Michel Legrand : LE TEST DE SZONDI
80 H.J. Eysenck : LA NEVROSE ET VOUS
81 Albert Demaret : ETHOLOGIE ET PSYCHIATRIE
82 Jean-Luc Lambert et Jean A. Rondal : LE MONGOLISME. 4e éd.
83 Albert Bandura : L'APPRENTISSAGE SOCIAL
84 Xavier Seron : APHASIE ET NEUROPSYCHOLOGIE
85 Roger Rondeau : LES GROUPES EN CRISE?
86 J. Danset-Léger : L'ENFANT ET LES IMAGES DE LA LITTERATURE ENFANTINE

87 Herbert S. Terrace : NIM. UN CHIMPANZE QUI A APPRIS LE LANGAGE GESTUEL
88 Roger Gilbert : BON POUR ENSEIGNER?
89 Wing, Cooper et Sartorius : GUIDE POUR UN EXAMEN PSYCHIATRIQUE
90 Jean Costermans : PSYCHOLOGIE DU LANGAGE
91 Françoise Macar : LE TEMPS, PERSPECTIVES PSYCHOPHYSIOLOGIQUES
92 Jacques Van Rillaer : LES ILLUSIONS DE LA PSYCHANALYSE. 4ᵉ éd.
93 Alain Lieury : LES PROCEDES MNEMOTECHNIQUES
94 Georges Thinès : PHENOMENOLOGIE ET SCIENCE DU COMPORTEMENT
95 Rudolph Schaffer : COMPORTEMENT MATERNEL
96 Daniel Stern : MERE ET ENFANT, LES PREMIERES RELATIONS. 3ᵉ éd.
97 R. Kempe & C. Kempe : L'ENFANCE TORTUREE
98 Jean-Luc Lambert : ENSEIGNEMENT SPECIAL ET HANDICAP MENTAL
99 Jean Morval : INTRODUCTION A LA PSYCHOLOGIE DE L'ENVIRONNEMENT
100 Pierre Oleron *et al.* : SAVOIRS ET SAVOIR-FAIRE PSYCHOLOGIQUES CHEZ L'ENFANT
101 Bernard I. Murstein : STYLES DE VIE INTIME
102 Rondal/Lambert/Chipman : PSYCHOLINGUISTIQUE ET HANDICAP MENTAL
103 Brédart/Rondal : L'ANALYSE DU LANGAGE CHEZ L'ENFANT. 2ᵉ éd.
104 David Malan : PSYCHODYNAMIQUE ET PSYCHOTHERAPIE INDIVIDUELLE
105 Philippe Muller : WAGNER PAR SES REVES
106 John Eccles : LE MYSTERE HUMAIN
107 Xavier Seron : REEDUQUER LE CERVEAU
108 Moreau/Richelle : L'ACQUISITION DU LANGAGE. 5ᵉ éd.
109 Georges Nizard : ANALYSE TRANSACTIONNELLE ET SOIN INFIRMIER
110 Howard Gardner : GRIBOUILLAGES ET DESSINS D'ENFANTS, LEUR SIGNIFICATION. 3ᵉ éd.
111 Wilson/Otto : LA FEMME MODERNE ET L'ALCOOL
112 Edwards : DESSINER GRACE AU CERVEAU DROIT. 9ᵉ éd.
113 Rondal : L'INTERACTION ADULTE-ENFANT
114 Blancheteau : L'APPRENTISSAGE CHEZ L'ANIMAL
115 Boutin : FORMATION ET DEVELOPPEMENTS
116 Húsen : L'ECOLE EN QUESTION
117 Ferrero/Besse : L'ENFANT ET SES COMPLEXES
118 R. Bruyer : LE VISAGE ET L'EXPRESSION FACIALE
119 J.P. Leyens : SOMMES-NOUS TOUS DES PSYCHOLOGUES?
120 J. Château : L'INTELLIGENCE OU LES INTELLIGENCES?
121 M. Claes : L'EXPERIENCE ADOLESCENTE
122 J. Hayes et P. Nutman : COMPRENDRE LES CHOMEURS
123 S. Sturdivant : LES FEMMES ET LA PSYCHOTHERAPIE
124 A. Pomerleau et G. Malcuit : L'ENFANT ET SON ENVIRONNEMENT
125 A. Van Hout et X. Seron : L'APHASIE DE L'ENFANT
126 A. Vergote : RELIGION, FOI, INCROYANCE
127 Sivadon/Fernandez-Zoïla : TEMPS DE TRAVAIL, TEMPS DE VIVRE
128 Born : JEUNES DEVIANTS OU DELINQUANTS JUVENILES?
129 Hamers/Blanc : BILINGUALITE ET BILINGUISME
130 Legrand : PSYCHANALYSE, SCIENCE, SOCIETE
131 Le Camus : PRATIQUES PSYCHOMOTRICES
132 Lars Fredén : ASPECTS PSYCHOSOCIAUX DE LA DEPRESSION
133 Mount : LA FAMILLE SUBVERSIVE
134 Magerotte : MANUEL D'EDUCATION COMPORTEMENTALE CLINIQUE
135 Dailly/Moscato : LATERALISATION ET LATERALITE CHEZ L'ENFANT
136 Bonnet/Tamine-Gardes : QUAND L'ENFANT PARLE DU LANGAGE
137 Bruyer : LES SCIENCES HUMAINES ET LES DROITS DE L'HOMME
138 Taulelle : L'ENFANT A LA RENCONTRE DU LANGAGE
139 de Boucaud : PSYCHOLOGIE DE L'ENFANT ASTHMATIQUE
140 Duruz : NARCISSE EN QUETE DE SOI
141 Feyereisen/de Lannoy : PSYCHOLOGIE DU GESTE
142 Florin *et al.* : LE LANGAGE A L'ECOLE MATERNELLE

143 Debuyst : MODELE ETHOLOGIQUE ET CRIMINOLOGIE
144 Ashton/Stepney : FUMER
145 Winkel *et al.* : L'IMAGE DE LA FEMME DANS LES LIVRES SCOLAIRES
146 Bideau/Richelle : PSYCHOLOGIE DEVELOPPEMENTALE
147 Schmid-Kitsikis : THEORIE CLINIQUE ET FONCTIONNEMENT MENTAL
148 Guggenbühl/Craig : POUVOIR ET RELATION D'AIDE
149 Rondal : LANGAGE ET COMMUNICATION CHEZ LES HANDICAPES MENTAUX
150 Moscato *et al.* : FONCTIONNEMENT COGNITIF ET INDIVIDUALITE
151 Château : L'HUMANISATION OU LES PREMIERS PAS DES VALEURS HUMAINES
152 Avery/Litwack : NEE TROP TOT
153 Rondal : LE DEVELOPPEMENT DU LANGAGE CHEZ L'ENFANT TRISOMIQUE 21
154 Kellens : QU'AS-TU FAIT DE TON FRERE?
155 Rondal/Henrot : LE LANGAGE DES SIGNES. 2e *éd.*
156 Lafontaine : LE PARTI PRIS DES MOTS
157 Bonnet/Hoc/Tiberghien : AUTOMATIQUE, INTELLIGENCE ARTIFICIELLE ET PSYCHOLOGIE
158 Giovannini *et al.* : PSYCHOLOGIE ET SANTE
159 Wilmotte *et al.* : LE SUICIDE
160 Giurgea : L'HERITAGE DE PAVLOV
161 Ionescu : MANUEL D'INTERVENTION EN DEFICIENCE MENTALE N° 1
162 Ionescu : MANUEL D'INTERVENTION EN DEFICIENCE MENTALE N° 2
163 Pieraut-Le Bonniec : CONNAITRE ET LE DIRE
164 Huber : PSYCHOLOGIE CLINIQUE AUJOURD'HUI
165 Rondal *et al.* : PROBLEMES DE PSYCHOLINGUISTIQUE
166 Slukin : LE LIEN MATERNEL
167 Baudour : L'AMOUR CONDAMNE
168 Wilwerth : VISAGES DE LA LITTERATURE FEMININE
169 Edwards : VISION, DESSIN, CREATIVITE. 3e *éd.*
170 Lutte : LIBERER L'ADOLESCENCE
171 Defays : L'ESPRIT EN FRICHE
172 Broome Walace : PSYCHOLOGIE ET PROBLEMES GYNECOLOGIQUES
173 Aimard : LES BEBES DE L'HUMOUR
174 Perruchet : LES AUTOMATISMES COGNITIFS
175 Bawin-Legros : FAMILLES, MARIAGE, DIVORCE
176 Pourtois/Desmet : EPISTEMOLOGIE ET INSTRUMENTATION EN SCIENCES HUMAINES. 2e *éd.*
177 Sloboda : L'ESPRIT MUSICIEN
178 Fraisse : POUR LA PSYCHOLOGIE SCIENTIFIQUE
179 Ruffiot : PSYCHOLOGIE DU SIDA
180 McAdams/Deliège : LA MUSIQUE ET LES SCIENCES COGNITIVES
181 Argentin : QUAND FAIRE C'EST DIRE...
182 Van der Linden : LES TROUBLES DE LA MEMOIRE
183 Lecuyer : BEBES ASTRONOMES, BEBES PSYCHOLOGUES : L'INTELLIGENCE DE LA 1re ANNEE
184 Immelmann : DICTIONNAIRE DE L'ETHOLOGIE
185 Collectif : ACTEUR SOCIAL ET DELINQUANCE
186 Fontana : GERER LE STRESS
187 Bouchard : DE LA PHENOMENOLOGIE A LA PSYCHANALYSE
188 Chanceaulme : MOURIR, ULTIME TENDRESSE
189 Rivière : LA PSYCHOLOGIE DE VYGOTSKY
190 Lecoq : APPRENTISSAGE DE LA LECTURE ET DYSLEXIE
191 de Montmolin/Amalberti/Theureau : MODELES DE L'ANALYSE DU TRAVAIL
192 Minary : MODELES SYSTEMIQUES ET PSYCHOLOGIE
193 Grégoire : EVALUER L'INTELLIGENCE DE L'ENFANT
194 Gommers/van den Bosch/de Aguilar : POUR UNE VIEILLESSE AUTONOME
195 Van Rillaer : LA GESTION DE SOI
196 Lecas : L'ATTENTION VISUELLE

197 Macquet : TOXICOMANIES ET FORMES DE LA VIE QUOTIDIENNE
198 Giurgea : LE VIEILLISSEMENT CEREBRAL
199 Pillon : LA MEMOIRE DES MOTS
200 Pouthas/Jouen : LES COMPORTEMENTS DU BEBE : EXPRESSION DE SON SAVOIR ?
201 Montangero/Maurice-Naville : PIAGET OU L'INTELLIGENCE EN MARCHE
202 Colin A. Epsie : LE TRAITEMENT PSYCHOLOGIQUE DE L'INSOMNIE
203 Samalin-Amboise : VIVRE A DEUX
204 Bourhis/Leyens : STEREOTYPES, DISCRIMINATION ET RELATIONS INTERGROUPES
205 Feltz/Lambert : ENTRE LE CORPS ET L'ESPRIT
206 Francès : MOTIVATION ET EFFICIENCE AU TRAVAIL
207 Houziaux : EDUCATION DU PATIENT ET ORDINATEUR
208 Roques : SORTIR DU CHOMAGE
209 Bléandonu : L'ANALYSE DES REVES ET LE REGARD MENTAL
210 Born/Delville/Mercier/Snad/Beeckmans : LES ABUS SEXUELS D'ENFANTS
211 Siguan : L'EUROPE DES LANGUES
212 de Bonis : CONNAITRE LES EMOTIONS HUMAINES
213 Retschitzki/Gurtner : L'ENFANT ET L'ORDINATEUR
214 Leyens/Yzerbyt/Schadron : STEREOTYPES ET COGNITION SOCIALE
215 Tiberghien : LA MEMOIRE OUBLIEE
216 Wynants : L'ORTHOGRAPHE, UNE NORME SOCIALE
217 Rondal : L'EVALUATION DU LANGAGE
218 Moreau : SOCIOLINGUISTIQUE, CONCEPTS DE BASE
219 Rouquette : LA CHASSE À L'IMMIGRÉ
220 Grubar/Duyme/Cote et al. : LA PRÉCOCITÉ INTELLECTUELLE DE LA MYTHOLOGIE À LA GÉNÉTIQUE. 2e éd.
221 Pomini et al. : THÉRAPIE PSYCHOLOGIQUE DES SCHIZOPHRÉNIES
222 Houdé et al. : DESCARTES ET SON ŒUVRE AUJOURD'HUI
223 Richelle : DÉFENSE DES SCIENCES HUMAINES
224 Leclercq : POUR UNE PÉDAGOGIE UNIVERSITAIRE DE QUALITÉ
225 Gillis : L'AUTISME ATTRAPÉ PAR LE CORPS
226 Pithon : LES TENDANCES ACTUELLES DE L'INTERVENTION PRÉCOCE EN EUROPE
227 Montangero : RÊVE ET COGNITION
228 Stern : LA FICTION PSYCHANALYTIQUE
229 Grégoire : L'ÉVALUATION CLINIQUE DE L'INTELLIGENCE DE L'ENFANT
230 Otte : LES ORIGINES DE LA PENSÉE
231 Rondal : LE LANGAGE : DE L'ANIMAL AUX ORIGINES DU LANGAGE HUMAIN
232 Gauthier : POUVOIR ET LIBERTÉ EN POLITIQUE - ACTUALITÉ DE SPINOZA
233 Zazzo : UNE MÉMOIRE POUR DEUX
234 Rondal : APPRENDRE LES LANGUES
235 Keller : PERCEVOIR : MONDE ET LANGAGE
236 Richard : PSYCHIATRIE GÉRIATRIQUE
237 Roussiau/Bonardi : LES REPRÉSENTATIONS SOCIALES
238 Liénard : L'INSERTION : DÉFI POUR L'ANALYSE, ENJEU POUR L'ACTION
239 Santiago-Delefosse : PSYCHOLOGIE DE LA SANTÉ
240 Grosjean : VICTIMISATION ET SOINS DE SANTÉ

Manuels et Traités

Droz-Richelle : MANUEL DE PSYCHOLOGIE. 5e éd.
Rondal-Esperet : MANUEL DE PSYCHOLOGIE DE L'ENFANT. *Nlle éd.*
Rondal-Seron : LES TROUBLES DU LANGAGE. *Nlle éd.*
Fontaine-Cottraux-Ladouceur : CLINIQUES DE THERAPIE COMPORTEMENTALE. 2e éd.
Godefroid : LES CHEMINS DE LA PSYCHOLOGIE. 2e éd.
Seron-Jeannerod : NEUROPSYCHOLOGIE HUMAINE. 2e éd.